本书获得国家自然科学基金地区项目“新生代农民工创业过程中融资约束和社会网络交互作用机理研究——以江西省为例”（项目批准号：71563017）和江西省2011协同创新中心项目“江西现代农业及其优势产业可持续发展的决策支持”资助

经济管理学术文库·经济类

农民创业过程中融资约束和社会网络交互作用机理研究

Study on the Interaction Effects of Financial Constraints and Social Network on the Farmers' Entrepreneurship

李长生／著

经济管理出版社
ECONOMY & MANAGEMENT PUBLISHING HOUSE

图书在版编目（CIP）数据

农民创业过程中融资约束和社会网络交互作用机理研究/李长生著．—北京：经济管理出版社，2020.9

ISBN 978－7－5096－7382－9

Ⅰ．①农… Ⅱ．①李… Ⅲ．①农民—创业—研究—中国 Ⅳ．①F323.6

中国版本图书馆 CIP 数据核字（2020）第 152455 号

组稿编辑：韩 峰
责任编辑：曹 靖 郭 飞
责任印制：黄章平
责任校对：董杉珊

出版发行：经济管理出版社
（北京市海淀区北蜂窝 8 号中雅大厦 A 座 11 层 100038）
网 址：www. E－mp. com. cn
电 话：（010）51915602
印 刷：北京玺诚印务有限公司
经 销：新华书店
开 本：720mm×1000mm/16
印 张：12.5
字 数：224 千字
版 次：2020 年 9 月第 1 版 2020 年 9 月第 1 次印刷
书 号：ISBN 978－7－5096－7382－9
定 价：88.00 元

目　录

第1章　绪论

1.1　研究意义

创业对任何国家和地区的经济增长都极为重要。创业是经济发展的基础，一个国家或地区拥有的企业家数量越多，创业活动越活跃，其经济增长率就越高（Lucio 等，2014；Audretsch 等，2012；Aoyama，2009）。在中国农村地区，创业是农民从小规模农业生产、纯农业生产逐步转向适度规模农业生产、非农业生产分化的重要路径，被认为是中国农村经济转型和增长过程中的重要引擎（卢亚娟等，2014）。党和政府一向高度重视创业。党的十八大提出要贯彻实施就业优先战略和更加积极的就业政策，第一次将鼓励创业纳入就业方针，鼓励多渠道多形式就业，鼓励劳动者自主就业，促进创业带动就业，切实做好农村转移劳动力就业工作。2015 年中央一号文件明确指出，增加农民收入，必须促进农民转移就业和创业；要引导有技能、资金和管理经验的农民返乡创业，落实定向减税和普遍性降费政策，降低创业成本和企业负担；优化中西部中小城市、小城镇产业发展环境，为农民就地就近转移就业创造条件。

近年来，中国农民就业取得了令人瞩目的成就。国家统计局《2018 年全国农民工监测调查报告》显示，2018 年，中国农民工总量达到 28836 万人，比上年增加 184 万人，增长 0.6%。1980 年以后出生的农民工占全国农民总量的 51.5%，比上年提高 1.0 个百分点，“80 后”占 50.4%，“90 后”占 43.2%，“00 后”占 6.4%。从农民工从事行业分布来看，第三产业从业比例最高，达到 50.5%，第二产业比例为 48.1%，第一产业比例为 0.4%。新生代农民工成为了农民工群体的主体力量（罗竖元，2015）。如果把自营企业也归类于创业，2012年，中国农民工创业人数大约为3468万人，占农民工总数的13.2%，农民创业已成为缓解中国就业压力的重要途径（庄晋财等，2014）。当前，中国正处于工业化和城镇化得到极大发展，劳动力出现代际更替，大批“80后”“90后”农民走上非农就业岗位，成为了新时期中国城市产业经济发展的新生力量（金晶、刘丽，2015）。

尽管中国农民就业取得了一定的成绩，但是，农民创业实践依然不容乐观，针对农民创业的研究亟待加强。中国将有2.05亿农业劳动力向外转出，从长期的角度来看，随着国家制度改革的不断深入，中国仍将产生大量的“剩余劳动力”，“刘易斯拐点”将真正到来（盖庆恩等，2014）。实证研究表明，中国农户的要素配置扭曲是比较严重的，而非农就业机会的增加可以改善农户的劳动配置效率（朱喜等，2011）。理论研究方面，2008年以后，中国一些学者才开始研究农民工创业，针对农民创业方面的研究是在2010年之后才开始的，2013年的统计数据显示，关于农民工创业研究的收录量仅为12篇（张广胜、柳延恒，2014）。在中国，30岁以下的农民创业人数（1286万）仅占全国农民工总量的4.89%（张广胜、柳延恒，2014）。农民创业仍未引起学术界的广泛重视，相关研究还处在起步阶段（刘美玉，2013）。可能的原因在于：受本土化、城市化观念及业界精英的影响，大多研究人员认为创业是一种城市现象，城市具有更高的经济增长及发展潜力，因而把创业研究聚焦在城市地区（Mossig，2011；Glaeser等，2010）。本书关注“农民创业”，旨在科学引导那些在务工过程中掌握了技术、积累了资金、能够识别商业机会以及有意愿创业的农民积极创业，为提高其创业绩效提供政策建议。

Hunger等（2002）经典的创业理论揭示了创业环境包括必要性环境（自然环境、技术环境、融资环境和人才环境）和支持性环境（制度环境、文化环境和社会资本）。首先，社会网络可能是创业活动过程中最重要的战略资源（Lucio等，2014），相对于城市，农村地区拥有的支持性金融机构较少，但拥有较强的社会联系，社会网络特别重要（马光荣等，2011）。大多学者从组织学的角度分析社会资本（社会网络）对农民创业的重要作用（Lucio等，2014；庄晋财等，2014；蒋剑勇等，2014；郭红东、丁高洁，2013；高静、张应良，2013；朱红根、解春艳，2012）。其次，资金约束是抑制个人实现创业转换的重要障碍（程郁、罗丹，2009）。由于资金积累过程相对较短，农民面临居家安排、子女教育以及赡养老人等重大责任，创业过程所需的资金约束更加普遍和严重。对调查样本的数据分析和模型的实证检验都说明中国农民的确受到正规金融机构的信贷约束（王书华等，2014）。李长生、张文棋（2014）对江西省的抽样调查的统计分析表明，至少54.7%的农户受到信贷约束。中国受到正规信贷约束的农户超过60%（程郁、罗丹，2012）。李庆海等（2012）的研究表明，样本农户中64.5%受到正规信贷约束。更早一些的研究也支持这个观点。李锐和朱喜（2007）分析3000个农户样本的研究结果表明，农户受到数量约束的比例为70.92%。韩俊等（2007）分析发现，中国农户受到信贷约束的比例为33.72%，其中受到需求型信贷约束的农户比例为17.13%，受到供给型约束的农户比例为18.14%。陈锡文（2004）的研究表明，中国共有2.4亿户农户，从金融机构得到贷款的农户比例大约为15%，85%左右的农户都是通过民间借贷解决资金短缺问题。因此，大多学者从正规金融的角度主张加大对农民小额信贷的帮扶力度（张广胜、柳延恒，2014）。

综上所述，在当前文献基础上以及前期研究中得知，农民在创业过程中最突出的问题是资金约束以及社会网络在其创业过程中的重要性，本书将研究农民创业过程中融资约束和社会网络的交互作用机理。农民就业创业是应对全球危机和维护稳定的重大战略，有利于提高农民收入和提升农村消费水平，有利于进一步扩大内需，有利于农村水利等基础设施建设和新农村建设，有利于农村城镇化和县域经济发展（辜胜阻、武兢，2009）。积极引导和促进农民创业，对于加快推进我国城镇化进程，协调城乡、区域经济发展等具有十分重要的意义（陈昭玖、朱红根，2011）。因此，研究农民创业过程中融资约束和社会网络交互作用机理有重要的理论和现实意义。一方面，以当前已有的创业理论为基础，对农民创业过程中个体、资源等不同创业资源的交互作用机制及影响机理的研究，能补充和发展现有的创业理论。另一方面，农民创业对发挥农民人力资本的潜力、调动广大农民创业的积极性和带动效应、缓解农民就业压力、提高农民收入以及推进农业产业化经营和城乡经济一体化乃至我国和谐社会的整体发展都具有重大现实意义。

1.2 研究内容

1.2.1 调研农民个体特质、资源特质以及创业选择和创业绩效

采用随机分层抽样调查方法，形成江西省外出务工和外省来江西省务工的农民截面数据。调研内容主要包括以下几个方面：个体特征，包括性别、年龄、婚姻状况、受教育程度以及工作经历、工作满意度、风险偏好等；家庭特征，包括家庭人口数、家庭地域属性、家庭收入等；创业资源，包括经济资源、物质资源、技术资源、组织资源、人才资源以及社会资源，尤其关注农民的经济资源（自有资金、正规信贷和民间借贷的可获得性从而判断其是否受到融资约束）和社会网络资源（个人网络状况和市场网络的内容、结构及治理等）；创业过程，包括创业选择（时机选择、地点选择和行业选择）以及创业绩效。

1.2.2 实证研究信贷约束和社会网络对农民创业的影响

基于调研数据，采取直接诱导法甄别了样本的信贷约束及其类型，使用倾向得分匹配法（PSM）实证检验信贷约束对创业的影响，并利用马氏匹配法进行了稳健性检验。调研数据充分考虑了社会网络的内生性后，采用 PSM 近邻一对一匹配法实证研究了社会网络对创业的影响。并用 PSM 其他匹配法、马氏匹配法、工具变量模型和 Logistic 边际效应模型对实证结果进行稳健性检验。调研数据采用离散选择模型，实证研究信贷约束和社会网络的交互作用对农民创业的影响。

1.2.3 实证检验土地流转对农民创业的影响

基于中国家庭追踪调查的 6581 个农村样本数据，采用内生转换 Probit 模型，在考虑和修正样本选择性偏误的基础上，实证检验土地转出和转入的影响因素以及土地转出和转入对创业的异质性作用机理。

1.2.4 实证研究信贷约束和社会网络对农民创业绩效的影响

采用调研数据，甄别样本的信贷约束及类型，实证研究信贷约束及其类型异质性对农民创业绩效的影响。采用 OLS 模型和 IV－2SLS 模型考察社会网络对创

业绩效的影响。采用分位数回归模型估计不同分位点条件下社会网络对创业财务绩效和成长绩效的影响。

1.2.5 实证研究缓解农民信贷约束的影响因素

利用北京大学中国家庭追踪调查（CFPS）2016 年全国代表性调研数据，研究非农就业对农民信贷约束的影响。为解决可观察和不可观察因素引起的选择偏差，利用内生转换 Probit 模型，同时估计非农就业的影响因素以及非农就业对农民信贷约束的影响。基于 Probit 模型，探索农民的政治参与、金融参与对农民信贷约束的影响程度和作用机理。

1.2.6 分析缓解农民信贷约束从而促进农民创业的作用机制

从农户禀赋、信贷交易成本和微型金融的视角探索缓解贫困农民信贷约束的有效实施途径，进而提出缓解农民信贷约束的政策建议。

1.3 研究目标

结合上述国内外研究现状，本书将农民界定在出生于20 世纪八九十年代的农村进城务工人员。把农民创业界定为农民从事特色种植养殖业、加工业、小型工矿企业、餐饮服务业、运输业、农村旅游业及创办合作组织或协会的行为。鉴于当前农民的主要融资渠道为从金融机构贷款和发生民间借贷，而农民社会网络的强弱度在一定程度上反映了民间借贷的可获得性，因此，本书的融资约束都指正规信贷约束。社会网络界定为社会资本三大要素（关系、信任和规范）中的关系。主要研究目标如下：

第一，通过调研了解江西省农民创业选择、创业绩效以及相应的创业资源。了解准备创业的农民的创业选择；明确创业农民的创业绩效（财务绩效和成长绩效）；考查农民的创业资源（经济资源、物质资源、技术资源、组织资源、人才资源以及社会资源）。

第二，通过对调查问卷数据的统计分析，透视农民的创业选择和所拥有的创业资源和环境，重点分析其经济状况和社会网络状况。

第三，实证研究影响形成农民创业过程（创业决策和创业绩效）的主要因素，分析各因素的作用大小、方式及内在机理。

第四，探索促进农民创业和提高农民创业绩效的政策建议。

1.4 国内外研究动态综述及评述

1.4.1 国内外研究综述

1.4.1.1 国外创业行为研究现状

（1）国外创业理论模型的研究。

在创业概念上，Schumpeter（1934）认为创业是对现存状态的一种突破，包括新产品、新工艺、新市场、新组织等多种形式；是追踪和捕获机会的过程，其重要特征是觉察机会、追逐机会的意愿及获得成功的信心和可能性（Stevenson等，1989）。企业家在从非均衡到均衡的交互作用过程中扮演关键角色（Kivzner，1973），是能够通过创办企业来开发市场信息以获得垄断利润的人（Casson，1982）；Paulsona 和 Townsend（2004）将农户的非农经营（即工商业经营）视为创业。在创业理论模型的构建方面，Evans 和 Jovanovic（1989）最早提出了流动性约束下的创业选择模型，认为企业家的创业决策是在已知自己能力的基础上，根据外生的资本和融资条件来决定自己是否创业，创业决策和融资约束函数均由企业家能力决定，企业家的能力和最初财富水平之间存在相关性，但企业家的能力与财富水平不存在正向关系。Stevenson 等（1994）从战略导向、把握机会、获取资源、控制资源、管理结构以及报酬政策六个方面阐述了创业是一种“在不拘泥于当前资源条件限制下的对于机会的捕捉和利用”的管理方法；Willax（2000）引用微软公司的前董事长 Bill Gates 的观点认为创业者是“创办新企业的人”（林强等，2001）。

（2）国外创业实证的研究。

国际上与创业相关的实证研究相当丰富，但以农民为研究对象的实证研究相对缺乏。Lucio 等（2014）分析了创新与社会网络对创业选择和创业企业早期创业绩效的作用。研究结果表明，与城市地区不同，在农村地区创新未必能有效提高成功创业的概率，但是，社会网络的重要性更为突出。创造力可在城市区域中引发新创企业，但却不发生于乡村地区，因为城市环境不仅较具支持性，且更具竞争性。但创造力并不会增加成功的机会。Bianchi 和 Matteo（2013）采用墨西哥的样本检验金融约束与创业之间的关系，研究结果表明，人们的创业选择主要受风险规避以及项目可行性（投资收益）的影响，信贷约束并不是影响人们创业的主要因素。Chavan（2013）通过印度的样本实证研究表明，农民创业的过程是一个不断解放个体和社会并充分利用物质和人力资源的过程，是关系到农村发展的一个系统工程，对农业和农村发展有决定性作用。Folmer 等（2010）以印度西孟加拉邦巴尔达曼地区农民为样本，通过构建结构方程模型分析了年龄、受教育程度、婚姻状况、孩子数量、庄稼数量、家庭财政支持、创新性、职业地位等对农民（村）创业的影响。大多学者认为，人们的财富水平与创业选择有着正相关的关系，而且遗产和财产的捐赠能够增加创业活动并提升创业的规模和层次，从而证实了资金的流动性约束制约着创业行为的发生（Naude，2010；Charles 和 Hurst，2003；Carroll，2001；Evans 和 Jovanovic，1989）。Jian Zhang 等（2006）的调查结果显示，在中国农村地区，64%的农户依赖于家庭自有资金进行创业，81%的创业资本来自于农户家庭内部。Bianchi 和 Matteo（2013）的研究进一步显示，完善的信贷市场和充分的创业信贷支持将有利于促进创业的产生和企业的增长。一方面，完善的金融市场缓解了即时性的资金约束，使低财富水平的人能够跨越创业的资本门槛而增加创业机会；另一方面，宽松的融资环境能够改变人们的预期，降低人们的风险规避程度，从而提高个人的创业倾向。然而，也有学者对上述研究结果表示质疑，认为人们的创业选择并不是单纯地由资金状况决定，也受到其他相关因素的影响。Hurst 和 Lusardi（2004）采用工具变量法对财富水平和创业选择进行了重新检验，指出融资约束与创业并不是简单的单调线性关系，融资约束的放松并不一定会促进创业。这是因为财富对创业偏好的影响具有双重性：第一，财富的增加会弱化创业激励，反而是那些财富水平低的人会更努力地去创业（Naude，2010）；第二，财富水平会影响家庭的风险和创业偏好，最高财富水平的人更愿意投入于风险性很高的活动（Charles 和 Hurst，2003）。Fafchamps 和 Quisumbing（2003）通过考察巴基斯坦农村地区得出的结论认为，受教育程度更高的家庭成员更容易成为创业者。Fonseca 等（2001）认为，政府制定的各种政策和法律对人们的创业意愿和行为具有重要影响，但是，不同国家之间创业的成本存在巨大差异，在创业成本高的国家，个人成为创业者的意愿很低。Blanchflower（2000）的研究发现，瑞典在显著降低公司所得税的税率后，个人创业意愿明显上升，并且具有实际创业行为的人数占总人口的比例几乎翻了一番。Lucio 等（2014）认为，培训许可、利率调整、税收减免、贷款担保、基础设施建设津贴等形式的财政支持政策对创建企业的行为有积极影响。Glaeser 等（1993）认为，初始财富禀赋的不同决定了个人职业选择。在金融发展水平较低的情况下，由于金融市场不完善，个人能借到的资金有限，其数量与所拥有的财富相关。那些要求较高水平投资的职业超过了穷人的融资能力，穷人只能选择为他人工作（即成为工资雇佣者）。因此，得到的政策建议是公共政策的制定者应该放松资本获得条件、扩大对潜在创业者的信贷供给，将能够促进更多的人创业。

1.4.1.2　国内农民创业研究现状

（1）对农民及创业相关概念的研究。

农民工是当前中国农民非常重要的一个群体，已经逐渐分化为老一代农民工和新生代农民工。新生代农民工指出生在20世纪八九十年代的农村进城务工人员（王春光，2010；刘传江，2010；李建华、郭青，2011；杨廷钫、凌文铨，2013；钱文荣、李宝值，2013）。国务院研究室课题组（2006）在《中国农民调研报告》中使用的狭义农民工概念是指外出进城务工人员，广义农民工则还包括在县域内从事第二产业和第三产业就业的农村劳动力，对创业界定为“具有年内跨地区外出务工6个月以上经历的农民工的创业行为”。张广胜、柳延恒（2014）把1980年1月1日后出生的具有农村户口的在城市务工人员作为农民工进行研究，并进一步细分，把农民工年龄分为社会闯荡期、职业磨合期、事业起步期延伸到了对农民工不同年龄段的考察，对创业界定为“创业者对拥有的资源进行优化整合，从而创造出更大社会经济价值的过程”。把农民工从事诸如注册公司或者开办企业、个体经营（如夜市摊点等）等活动均视为创业。新生代农民工创业者包括小业主（无固定地点的小摊贩和有固定店铺的小业主）、公司老板、私营企业主等。高静等（2012）界定了农民创业的四个条件：创业者是农村户口、创业地点在农村或乡镇、创业者雇用人员数在10人以内（含创业者在内）、创业时间在1年内。程郁、罗丹（2009）认为应该将农业内的创业包括在内，提出一种更宽泛的农民创业标准，即只要实现新的职业选择、新的经营方式以及原有生产的升级等，则都被视为创业。本书研究的农民创业是包括农民工在内的所有农民的创业，当然，农民工是农民创业中的主力。

（2）对农民创业影响因素的研究。

第一，金融资本因素。黄季焜、靳少泽（2015）的研究表明，家庭富裕程度同农民就业选择紧密相关，在父母和子女务工模型中，家庭人均财富值的估计系数显著，且分别为0.01和0.02，这表明家庭财富的提高会导致务农或兼业下降，使农户劳动力转移到非农行业（务工）。陆彦等（2014）的调查结果显示，99%

以上的农民工认为资金短缺是返乡创业面临的首要问题。卢亚娟等（2014）选取CHARLS调查数据中806户农户样本对金融可得性与农户创业选择的相关性进行实证检验。结果显示，中国农村家庭的创业选择行为与其家庭金融资源可得性、拥有的资产规模呈正相关关系。这表明，对我国农村家庭而言，金融约束在一定程度上制约了创业活动，提高家庭金融可得性对创业有显著的正向边际效应。盖庆恩等（2013）从动态视角出发，重新考察了财富与创业的关系，发现财富对创业的影响并非简单的单调关系：当农户资产处于0~98.70分位数（0<资产<26.84万元）的区间时，农户资产越多越倾向于创业；但当资产处于98.70分位数之后的区间（资产≥26.84万元）时，创业概率较低。刘杰、郑风田（2011）基于山西省、甘肃省、浙江省共894户农户的调查研究表明，流动性约束对中国农民是否选择创业以及选择何种创业类型具有显著的、一致的阻碍作用，只有源于正规金融部门的流动性约束才对农户是否选择创业和创业类型产生抑制性作用，因此，旨在增加农民收入的创业扶持政策应该更加注重通过正规金融渠道缓解农户流动性约束的作用，而不应过分强调非正规金融渠道的作用。马光荣、杨恩艳（2011）认为，农村创业的初始投资和后续发展所需的资金很大程度上来自于家庭亲友的民间借贷。刘俊杰等（2014）基于731户甘肃城乡家庭样本数据，采用Probit模型分析了家庭创业水平的城乡差异及其影响因素，结果表明，平均家庭创业发生率为12.45%，整体创业活跃程度不高，城镇家庭创业发生率高于农村家庭；家庭创业主要受到家庭净资产、户主年龄、劳动力比例以及家庭所处社区商业环境等因素的影响，城乡间金融发展水平和相关社会保障体系的差距可能是导致西部家庭创业水平城乡差异的重要原因。刘新智、刘雨松（2013）利用我国1992~2011年的相关数据，建立VAR模型，对农民创业和金融支持进行实证研究。结果发现：农民创业是金融支持的Granger原因，金融支持不是农民创业的Granger原因；农民创业和金融支持之间存在长期稳定的相关关系；金融支持农民创业存在市场失灵现象。张龙耀等（2013）从微观视角阐述了金融发展通过影响家庭创业选择进而影响城乡居民收入的作用机制，并使用中国健康与养老追踪调查数据对其进行了经验验证。研究结果表明，中国城乡家庭创业活动普遍面临着现实存在的金融约束，其中，尤以农村家庭为甚，但随着金融发展水平的提高，金融约束对城乡家庭创业活动的抑制作用逐步减弱。

虽然农民受到融资约束的观点得到学者的普遍认同，但也有一些研究对金融约束在创业过程中的重要作用提出不同观点。融资约束虽然在很大程度上制约着农村经济的发展，但并没有直接制约到农民的创业行为，并不是制约农村创业、投资和收入增长最关键的因素。农村“创业经济”的发展更重要的是提升人力资本、加强能力建设以及营造良好的创新环境（程郁、罗丹，2009）。而且，融资环境对返乡创业企业绩效影响不显著（朱红根、解春艳，2012）。

第二，社会资本因素。庄晋财等（2014）利用来自江西省、安徽省、江苏省的183个农民工创业样本数据，对双重网络嵌入、创业资源获取对农民工创业能力的影响展开了实证分析。结果表明，社会网络与产业网络的双重嵌入对农民工获取创业所需的知识资源和运营资源有显著的正向影响；农民工创业的机会主要取决于运营资源；知识资源和运营资源对农民工创业的运营管理能力均有显著的正向影响，而且运营资源的作用大于知识资源。蒋剑勇等（2014）的研究结果表明，农民的个体社会网络规模以及关系强度会正向影响农民对创业机会的识别，农村地区的创业榜样越多，农民识别创业机会的可能性就会越大。张广胜、柳延恒（2014）认为在外务工的朋友数量、有亲戚担任公务员、教师及医生对农民工创业意愿有重要的正向影响，与当地人的关系对新生代农民工创业意愿有显著的影响。郭红东、丁高洁（2013）将关系网络划分为社会性关系网络和市场性关系网络，以中国农村地区农民创业者为研究对象，研究表明，社会性关系网络和市场性关系网络都对农民创业绩效的提高发挥了显著的作用，但是，社会性关系网络对农民创业绩效影响更大；创业机会创新性正向调节社会性关系网络与创业绩效之间的关系。郭红东、丁高洁（2012）的研究结果表明，网络规模、网络资源、组织参与以及先验知识中的打工经历、创业经历、培训经历等要素是影响农民创业机会识别数量的重要因素。杨廷钫、凌文铨（2013）的研究发现，组织嵌入对回乡工作意愿具有显著的负向影响，对工作满意具有显著的正向影响，工作满意是组织嵌入与回乡工作意愿的完全中介变量；社区嵌入对回乡工作意愿具有显著的负向影响，对社会支持具有显著的正向影响，社会支持是社区嵌入与回乡工作意愿的部分中介变量。高静、张应良（2013）分析了社会资本对农民识别创业机会及创业机会属性的影响。研究发现，农户嵌入社会网络的规模正向影响农民识别创业机会的概率；社会网络中的弱连带网络规模和联系频率越大，农民识别创新性机会的可能性越大，但强连带网络对复制型创业机会影响不显著；创业农民的教育经历、外出务工经验、创新能力、浓厚的创业氛围均是影响农民机会识别行为的重要因素。朱红根等（2010）的研究表明，每月话费支出、常联系的朋友数量以及亲戚担任村干部状况对农民工的返乡创业意愿有显著影响。社会资本是影响农民工返乡创业企业绩效的重要因素（朱红根、解春艳，2012）。从外部社会关系状况因素来看，潜在创业者的亲友创业情况、每月话费、常联系朋友数量、社会网络状况等社会资本对创业行为都有显著的影响（赵浩兴，2012）。罗明忠等（2012）基于对广东省部分地区农民调查问卷的数据分析，受农民群体的独特性及其所处环境的特殊作用，农民的创业动机主要源于生存需求、自我实现和发展及解决就业；对政府行政成本与法制保障的忧虑、市场拓展与管理能力不足、风险承受能力差及创业能力不足是农民创业的主要障碍；而资金帮助和技术支持是农民创业最期盼得到的帮助，创业者风险补偿是农民创业最希望获得的政府优惠政策。

第三，人力资本因素。蒋剑勇等（2014）的研究表明，农民先前的销售工作经历和创业经历将提高其识别创业机会的可能性。罗明忠、陈明（2014）从学习的角度出发，认为影响农民创业者的人格特质并不是完全天生的，遗传基因和后天环境都有影响。杨晶等（2014）的实证研究结果表明，新生代农民工接受职业培训的意愿较强烈，性别、文化程度、婚姻状况对新生代农民工职业培训意愿影响显著；培训时间越长，新生代农民工职业培训意愿越弱；培训对收入的影响和对职业发展的影响都与培训意愿呈显著的正相关关系。郭红东、周惠珺（2013）的研究表明，先前的工作经验和先前的培训经历不仅对农民创业机会识别有直接影响，而且还会促进创业警觉性的提高，间接对农民创业机会识别产生作用。刘美玉（2013）认为创业动机伴随创业资源的获取与创业机会的感知决定新生代农民工的创业模式，生存型创业是新生代农民工创业的主导模式，但也不乏抓住机会、寻找市场空白点的机会型创业。危旭芳（2013）认为，创业者的异质性资源（包括人力资本、政治资本和乡土文化资本等）与创业成长绩效之间存在着互动机理，而农民创业者与非农创业者在这些资源要素的获取和配置方面存在着不同程度的取向及贡献差异。与非农创业者相比，农民创业者先前的工作经验和管理经验明显偏低，且对创业成长绩效无显著贡献，经验、专业培训等人力资本的关键作用尚未得到应有重视和发挥。陈昭玖等（2012）对江西省、湖北省、安徽省、山西省、浙江省、河南省、江苏省等省份的农民工进行随机问卷调查和访谈所得的566个农民工数据，运用二元Logistic模型对农民工就业能力的影响因素进行实证分析。结果表明，年龄越大、技能水平越高、外出务工年限越长、父亲受教育程度越高、家庭年收入越高以及接受技能培训有助于农民工就业能力的提高。陈昭玖、朱红根（2011）的研究表明，农民工年龄、文化程度及职业技能状况等人力资本是影响农民工返乡创业获取政府支持的重要因素。汪三贵等（2010）的研究表明，农民工的人力资本和社会资本直接影响农民工的创业意愿和创业行为。高等教育和职业培训对返乡农民工创业具有更大和更显著的影响，同质性社会网络更有利于农民工的创业，和谐的社会环境也能促进农民工创业行为的产生。从人力资本提升因素对创业行为影响来看，受教育程度、拥有技能、对创业行为发生有重要正向影响（朱红根等，2010；朱明芬，2010）。

第四，人口特征因素。在不同年龄段，农民创业意愿存在一定的差异：与18岁以下的新生代农民工相比，18～22岁年龄段和23～27岁年龄段在模型中均通过5%水平的显著性检验且其系数为正，但是，28～32岁年龄段变量在模型中没有通过显著性检验；性别对新生代农民工创业意愿有显著的影响；受教育程度与新生代农民工创业意愿呈显著的正相关；进城前是否有技术对新生代农民工创业意愿的影响不显著；工作类型对新生代农民工创业意愿的影响存在差异（张广胜、柳延恒，2014）。潜在创业者年龄、婚否、性别、务工经历、培训技能积累、家庭成员等影响其创业选择（章铮，2006；谭永生，2011；赵浩兴，2012）。但也有学者认为，性别、年龄、婚姻状况和收入对农民工回乡创业选择的影响在统计上不具有显著性，说明这些个体因素和家庭因素对农民工创业决策的影响不大，这也同样说明，农民工的个人特质对其回乡创业决策影响不明显（吴磊、郑风田，2012）。史清华、徐翠萍（2007）的研究发现，农户家庭成员受教育或培训的时间越长，其外出的天数越多，外出活动圈也就越大。农户家庭成员外出就业的范围与其工资水平基本上呈现一种正向关系，外出范围越广，得到的工资水平也就越高。

第五，家庭特征因素。家庭耕地面积对农民创业意愿有显著的正向影响，收入水平不是创业意愿的影响因素（张广胜、柳延恒，2014）。朱明芬（2010）认为家庭人口数、家庭人均纯收入、家庭承包耕地面积等家庭状况对农民工创业行为发生具有重要的影响。朱红根（2011）利用江西省1145份返乡农民工的微观调查数据，实证分析了外部环境与农民工返乡创业意愿的关系，结果表明，外部环境对农民工返乡创业意愿起着决定性的作用，其中，基础设施条件、国家经济形势、创业投资环境及农民工就业形势等对农民工返乡创业意愿有显著影响。农民工性别、年龄、婚姻状况、文化程度、家庭人均纯收入等也是影响农民工返乡创业的重要因素。

第六，也有不少学者从其他角度研究创业的影响因素。郭星华、郑日强（2013）的研究表明，地域属性对农民的创业地选择倾向存在显著差异：在不同务工地，家乡所在地都是影响农民创业地选择倾向的显著性因素，不同务工地影响农民创业地选择倾向的显著性因素也存在差异。程名望、史清华（2010）基于上海市、山东省、山西省共364份调查问卷的实证分析表明，就业风险、就业环境和就业条件都是影响我国农村剩余劳动力转移的重要因素。就农民工的自身素质来说，农民工的总体素质评价得分是6.22分，属于刚刚及格的“低风险”级别。就样本中农民工对目前外出打工的就业环境评价来看，平均分值只有5.57分，处于一种不及格的“高风险”状态。就就业条件来看，样本农民工给出的平均分值只有3.61分，也处于“高风险”级别。

（3）对农民创业对收入增长的研究。

芮正云、庄晋财（2014）运用协整检验、Granger检验和脉冲响应函数分析等方法研究了农民创业与农村经济增长之间的互动关系：农民创业对农村经济增长具有显著的正向影响，而农村经济增长并不会导致农民创业活动的增加。张龙耀等（2013）的研究结果表明，金融发展通过影响家庭创业活动，对中国城乡家庭人均收入水平产生了显著影响，“金融发展—企业家创业—收入分配”的微观作用机制在中国是成立的，应积极支持农村地区及低财富家庭的创业活动，提高其收入水平，进而缩小城乡收入差距。朱红根、康兰媛（2013）的研究结果表明，创业动机是影响农民工返乡创业绩效的重要因素，与生存型创业动机相比，成长型和价值型创业动机的农民工的返乡创业绩效更好。另外，亲戚担任村干部或公务员以及兄弟姐妹数量多能显著提升农民工返乡创业绩效；是否学到了技术和家庭人均收入对农民工返乡创业绩效有显著正向影响；年龄与农民工返乡创业绩效呈倒U形关系，风险偏好对农民工返乡创业绩效没有直接影响。刘雨松（2014）认为，农民创业活跃度是农民收入的Granger原因，农民收入也是农民创业活跃度的Granger原因；同时，农民创业活跃度和农民收入之间存在长期稳定的相关关系。

（4）对农民创业的政策扶持的研究。

通过开展农民继续教育、职业教育提升农民人力资本，扩大农民社会网络关系，帮助农民熟悉经济社会环境，识别商业机会，切实提高其创业能力，加大对新生代女性农民工的小额信贷的帮扶力度（张广胜、柳延恒，2014）。陆彦等（2014）认为政府可以在税收和土地使用方面给予创业农民工一些优惠政策，丰富、完善农民工创业信贷担保制度。放松金融市场管制和降低准入门槛，加大农村地区金融市场的开放度，激励各类金融机构向乡镇和农村社区层面增加金融供给。政府要大力丰富农民工返乡创业企业的社会资本、进一步提高返乡创业者的企业家能力、大力完善服务环境，积极为返乡创业企业提供信息、法律法规咨询、教育培训等服务，帮助返乡创业企业建立和拓展产品销售渠道（朱红根、解春艳，2012）。政府要加强农民工职业技能教育、加强农民工技能培训体系构建，完善农民工社会保障体系（陈昭玖等，2012）。朱红根等（2011）整理了438份返乡创业农民工调查问卷，通过路径分析法实证分析了当前农民工返乡创业政策满意的影响因素。分析结果表明，农民工对返乡创业政策满意度总体上还比较低，作为中间变量的创业培训评价、创业园区评价、用地优惠评价、简化工商登记评价、信贷扶持评价、信息咨询评价、税收减免评价都直接影响农民工返乡创业政策的满意度。刘小春等（2011）的调查研究发现，当前农民工最需要的返乡创业扶持政策为创业技能培训、创业项目支持、创业用地优惠及创业信贷扶持等。

1.4.2 国内外研究动态述评

上述文献表明，国内外对农民创业问题的研究相当广泛和深入，成果相当丰富。基于研究视角，从经济学、社会学、心理学等多学科角度去研究农民创业行为；在研究内容上，既有从微观个体层面分析农民创业的特点和影响因素，也有从宏观层面研究农民创业及其效应的规律和模式，更有将微观个体层面与宏观群体层面相结合的综合分析农民创业行为；在研究方法上，既有比较静态或动态的各类微观或宏观经济理论模型研究，也有运用截面数据和时间序列数据的多种计量经济模型分析。这些研究成果对于理解和把握我国农民创业现状和发展趋势具有非常重要的参考价值。然而，对于农民创业过程的理论模型及实证研究并不多见。这也许是未来研究的重心或者此领域研究的发展方向。具体阐述如下：

第一，在研究理论上，农民创业过程中相关因素的交互作用的理论研究尚未形成一个通用的模型，现有研究大多单独从“特质论”或“资源论”分析创业影响因素，但单一特质对农民创业行为的实证研究结果的力度较小，有时甚至无法解释和说明变量之间的经济内涵和内在关系。

第二，在研究内容上，现有文献大多研究农民创业意愿、影响因素及创业绩效，鲜有文献对农民创业过程进行动态的有针对性的研究，对影响农民创业过程中的资金和社会网络的交互作用的研究更是少见。大多文献只是从创业者个人特征等角度分析了该要素对创业的影响，并没有充分解释影响农民创业过程中个人特征（社会资本）和资源特征（创业资本）等要素之间的交互作用及影响机理。

第三，在研究技术路线上，已有关于农民创业问题的研究往往是分开进行的，对于农民创业过程中的影响因素交互作用的研究不多见，尤其是就社会网络对新生代农民创业的直接和间接影响问题没有深入研究。

第四，在研究方法上，通常运用Logit、Probit或Tobit等计量模型进行估计，而且大部分实证研究没有充分考虑可观测和不可观测变量导致的选择性偏误问题，研究结论存在较大偏差，本研究采用的 IV－2SLS 以及内生转换 Probit 模型等估计方法充分考虑了模型的内生性，得出的结论更加科学合理。

1.5 可能的创新之处

第一，研究视角新颖。本书是基于我国沿海发达地区劳动密集型产业向中西部地区转移加快以及中西部地区一二三产业融合加快发展背景下，研究资源约束和社会网络的交互作用对农民创业的影响，研究视角新颖、独特。

第二，研究内容有特色。研究内容突出“中国特色”，以丰富农民创业行为理论。本书认为：中国现实的国情使得农民面临的创业环境更加独特，因此，很难直接照搬国外现有的发展经济学理论模型来研究中国农民的创业行为。本书考察“个体特质”和“资源特质”在不同的交互作用下对农民创业的影响方式和影响程度。

第三，研究方法有突破。把创业资源和创业网络结合起来作为分析工具和研究范式，基于组织层面的研究视角，不仅可以把农民创业早期的资源短缺及市场扩张等做出有力的解释，还可以将个人网络利用、组织间合作以及创业环境差异等多个层面的变量融入理论框架分析中来。

第四，研究成果实用性强。本书研究的最终目标是为政府制定促进农民创业的相关政策提供实证参考，通过对劳务输出大省农民创业过程的系统研究，得出的政策建议能够为政府制定相关创业就业政策提供参考。

第 2 章　调研设计和调研结果及分析

2.1　调研地区和方法

课题组于 2017 年 1 ~3 月在江西省进行随机分层抽样调查。首先，将江西省划分为赣北、赣中和赣南三个区域；其次，以县为基本单位，在赣北区域抽取南昌县和都昌县等 13 个县（市），在赣中区域抽取分宜县和安福县等 12 个县，在赣南区域抽取赣县和信丰县等 15 个县①；最后，每个县随机选取 3 个乡镇，每个乡镇随机选取 3 个村，每个村随机选取 3 位 1980 年以后出生的农民进行调查，对不在家的农民进行电话采访以及询问当地村干部等方式完成信息采集。总共调研 1080 个样本，实际完成 1074 份，其中有效问卷 1028 份。

2.2　调研内容及问卷设计

根据本书研究内容，最重要的调研内容主要包括以下几个方面：

第一，人口特征。调研农民的个体特征，如性别、年龄、受教育程度、婚姻

① 一共调研了 40 个县（市）。在赣北区域随机抽取南昌县、都昌县、九江县、鄱阳县、新建县、余干县、乐平市、东乡县、玉山县、弋阳县、武宁县、修水县、铜鼓县 13 个县（市），在赣中区域随机抽取分宜县、安福县、高安县、吉安县、遂川县、泰和县、峡江县、永丰县、金溪县、南城县、南丰县、万载县 12 个县，在赣南区域随机抽取赣县、信丰县、大余县、上犹县、崇义县、安远县、龙南县、定南县、全南县、兴国县、宁都县、于都县、会昌县、寻乌县、石城县 15 个县。

状况、风险偏好等。调研农民的家庭特征，如居住区域、家庭人口规模、年龄结构以及居住地与最近金融机构的距离等。

第二，信贷约束。调研农民的信贷约束状况。本书的信贷约束指正规信贷约束，通过类型来衡量其异质性，主要包括数量型信贷约束、成本型信贷约束和风险型信贷约束，而无信贷约束是指无信贷需求或得到全部申请额度。一方面，调查农民在过去5年是否向银行等金融机构申请了贷款及所得贷款金额情况。了解"您是否得到您所申请的全部金额"，如果得到了全部申请金额，说明没有受到信贷约束；如果得到部分数额，说明受到部分数量约束；如果没有获得任何贷款金额，说明受到完全数量约束。另一方面，调研农民的潜在信贷约束。调查"为什么没向银行申请贷款"，如果回答"没有抵押""没人担保"和"担心还不起"等说明受到风险型信贷约束；如果回答"利息太高""手续太复杂"和"距离太远"等说明受到成本型信贷约束；如果回答"不需要申请贷款"的情况视为无信贷约束。信贷约束的甄别方法如图2－1所示：

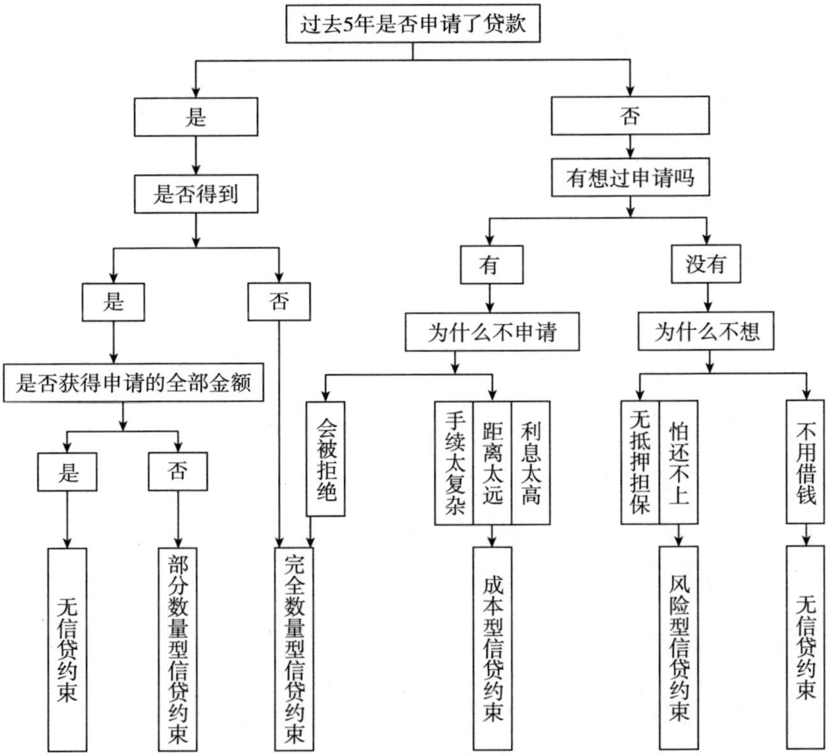

图2－1　信贷约束甄别方法

第三，社会网络。调查农民在春节等重大节日或亲朋好友家有小孩出生、嫁娶及乔迁等重大事件时，每年送出和收到的人情礼金额和次数。调查农民是否有众多家族成员，是否与家族成员定期聚会，是否常与亲戚来往，调查家庭姓氏是不是村里第一大姓。

第四，创业环境。利用 Likert 五标度打分法（完全不符合 =1，不符合 =2，不确定 =3，符合 =4，完全符合 =5）来度量，调查农民创业的政策支持环境、科技文化环境和基础设施环境。

第五，创业选择及创业绩效。首先，调研样本是否有创业行为。课题组将"农民创业"定义为农民从事特色种植养殖业、加工业、小型工矿企业、餐饮服务业、运输业、农村旅游业以及经商、创办合作组织或协会的行为。将"创业"界定为过去 5 年有任何经营创业实体的行为，既包括创业成功的情况，也包括有创业行为但未成功的情况。调查样本过去 5 年是否创业、创业时间、创业动机、创业形式、创业领域以及创业区域等。其次，调研农民创业绩效，重点调研创业财务绩效和成长绩效。调查创业农民在过去 5 年里创业投入资金总额以及创业的总利润，并分析其创业财务绩效。同时，调研农民的创业成长绩效，用"对创业目标达成度"的满意度来测量农民创业成长绩效。该指标用 Likert 五标度打分法（非常不满意 =1，不满意 =2，一般 =3，满意 =4，非常满意 =5）来度量。

详细调研结果可参阅以下各章节的调查统计分析及各实证研究中的变量设置及描述性统计。

2.3 调研结果与分析

课题组共在江西省 40 个县（市）调研 1080 个样本，实际完成 1074 份，回收率为 99.44%。根据研究需要对所有数据进行了审核，剔除缺失关键数据的问卷 46 份，最终得到有效样本 1028 份。

2.3.1 人口特征变量分析

表 2 - 1 显示了样本地区的分布及人口特征变量的基本情况。有效样本的具体分布为赣北区域 349 份，占样本总量的 34%；赣中区域 319 份，占样本总量的 31%；赣南区域 360 份，占样本总量的 35%。样本农民的年龄都在 36 岁及以下

（调研对象为1980年1月1日以后出生的农民），其中30岁以下的农民有340位，占33%，其他688位农民年龄在30~36岁，占67%。受教育程度方面，初中学历的比重最高，达到55%，本科及以上学历的农民比例最低，只有1%。家庭人口数方面，家庭成员数在4~6人的农户最多，有790户，占比为77%。性格特征方面，中间型性格特征的农民最多，有576位，占比达到56%，冒险型和保守型分别占样本总数的23%和21%。

表2-1 人口特征变量基本情况

项目	分类情况	样本量	所占比例（%）
样本区域分布	赣北	349	34
	赣中	319	31
	赣南	360	35
年龄	30岁以下	340	33
	30~36岁	688	67
受教育程度	小学及以下	102	10
	初中	563	55
	高中	275	27
	大专	77	7
	本科及以上	11	1
家庭人口数	3人及以下	133	13
	4~6人	790	77
	7人及以上	105	10
性格特征	冒险型	233	23
	中间型	576	56
	保守型	219	21

数据来源：课题组调研整理所得。

2.3.2 农民信贷约束情况

样本地区农民信贷约束情况如表2-2所示。59%的样本受到信贷约束。成本型在信贷约束中比例最高，占42%（251/604）。无信贷约束的占41%，其中，获得了全部贷款金额和无信贷需求的农民各占26%（263/1028）和15%（161/1028）。

表 2－2　农民信贷约束情况　　单位：位

区域	信贷约束				无信贷约束		总计
	部分数量型	完全数量型	成本型	风险型	得到所需贷款	无贷款意愿	
赣北	53	35	90	34	91	46	349
赣中	49	27	74	28	88	53	319
赣南	54	37	87	36	84	62	360
总计	156	99	251	98	263	161	1028
	604（59%）				424（41%）		

表 2－3 显示了 399 位创业农民的信贷约束情况。受到信贷约束和没有受到信贷约束的比例分别为 48% 和 52%。其中，部分数量型信贷约束比例最高，占总样本的 21%。没有受到信贷约束的样本中，有 40% 的农民得到所需贷款金额，还有 12% 的农民没有正规金融机构的贷款需求。

表 2－3　创业农民的信贷约束情况　　单位:%

区域	信贷约束				无信贷约束		总计
	部分数量型	完全数量型	成本型	风险型	得到所需贷款	无贷款意愿	
赣北	5	3	3	4	12	3	30
赣中	7	3	2	2	14	4	32
赣南	9	4	3	3	14	5	38
总计	21	10	8	9	40	12	100
	48				52		

2.3.3　农民社会网络情况

表 2－4 显示了样本地区农民的社会网络情况。样本农民的人情礼支出金额均值为 2020.274 元，最小值为 0，最大值为 24000 元。高于均值的农民共有 607 位，占 59%，低于均值的共有 421 位，占 41%。人情礼收取金额均值为 1720.69 元，高于均值的共有 325 位，占 32%，低于均值的占 68%。

样本地区农民的人情礼支出次数的均值是 7.09，人情礼支出次数为 8 次及以上的农民共有 311 位，占 30%，7 次及以下的样本共 717 位，占 70%。人情礼收取次数的均值是 3.26 次，3 次及以下的样本共 682 位，占 66%，4 次及以上的样本共 346 位，占 34%。

表 2-4　农民社会网络情况

项目	分类情况	样本量（位）	所占比例（%）
人情礼支出金额	高于均值	607	59
	低于均值	421	41
人情礼收到金额	高于均值	325	32
	低于均值	703	68
人情礼支出次数	高于均值（8 次及以上）	311	30
	低于均值（7 次及以下）	717	70
人情礼收到次数	高于均值（4 次及以上）	346	34
	低于均值（3 次及以下）	682	66

2.3.4　农民创业情况

表 2-5 显示了样本区域农民的创业选择和创业绩效情况。共有 399 位农民在过去 5 年中有过创业经历，629 位没有创业经历。创业时间均值为 5.74 年，创业时间在 5 年以内的样本数最多，占比 60%。创业形式方面，个体户形式最多，占据创业样本总数的 73%，股份制形式只占 3%。创业领域方面的统计数据表明，样本地区农民在餐饮服务业或商贸业领域中创业的人数最多，达到 126 位，占比为 32%，其次为特色种植养殖业，占比 26%，在创办合作组织或协会方面的创业人数最少，占比仅为 2%。创业区域方面，85% 的农民选择在本县城以内创业，在县城外创业的仅占 16%。

表 2-5　农民创业情况

项目	分类情况	样本量（位）	所占比例（%）
是否有创业	是	399	39
	否	629	61
创业时间	小于 5 年	240	60
	6~10 年	139	35
	11 年以上	20	5
创业动机	解决生存问题	134	33
	自我发展需要	203	51
	证明自己能力	62	16

续表

项目	分类情况	样本量（位）	所占比例（%）
创业形式	个体户	290	73
	合伙企业	68	17
	股份制	13	3
	其他形式	28	7
创业领域	特色种植养殖业	105	26
	加工业或小型工矿企业	54	14
	餐饮服务业或商贸业	126	32
	运输业或农村旅游业	47	12
	创办合作组织或协会	6	2
	其他	61	14
创业区域	本村	126	32
	本乡镇	107	27
	本县城	103	26
	县城以外	63	16

2.3.5　农民创业绩效情况

表2－6为样本地区农民创业绩效的统计分析。创业财务绩效方面，农民创业的总投入金额均值为20.896万元，60%创业者的投入金额在10万元（含）以内，投入100万元以上的仅占4%。创业总利润方面，均值为7.955万元，61%的创业农民的总利润在8万元以内。创业成长绩效方面，样本地区创业成长绩效均值为2.469，共60%的农民认为没有达到创业目标，对创业目标达成度非常满意的人数只有8%。

表2－6　农民创业绩效

项目	分类情况	样本量（位）	所占比例（%）
总投入资金金额	≤10万元	239	60
	10万元＜金额≤20万元	74	19
	20万元＜金额≤100万元	70	17
	100万元以上	16	4

续表

项目	分类情况	样本量（位）	所占比例（%）
总利润	<8 万元	244	61
	≥8 万元	155	39
对创业目标达成度的评价	非常不满意	94	24
	不满意	143	36
	一般	76	19
	满意	53	13
	非常满意	33	8

2.4 本章小结

本章利用 2017 年 1 ~3 月在江西省 40 个县（市）进行的随机分层抽样调研得到的数据，对江西籍外出务工以及来江西省务工的农民的人口特征变量、信贷约束、社会网络以及创业行为和创业绩效等调研数据进行了统计分析，得出以下主要结论：第一，农民受到较高程度的信贷约束。总体样本中，59% 的农民受到不同类型的信贷约束；创业样本中，48% 的创业农民受到信贷约束。第二，样本地区农民的社会网络状况具有较强的异质性。以人情礼支出金额衡量社会网络时，拥有较强社会网络（人情礼支出金额大于均值）的比例为 59%。以人情礼支出次数衡量社会网络时，拥有较强社会网络（人情礼支出次数大于均值）的比例仅占 30%。第三，样本地区农民创业比例偏低。1028 个样本中，在过去 5 年中有过创业经历的农民只有 399 位，占比为 39%。第四，样本地区农民创业具有较鲜明的特征。比如，创业时间小于 5 年的比例高达 60%，以个体户形式创业的比例高达 73%，84% 的农民选择在本县城以内进行创业。创业绩效方面，样本地区农民创业投入金额较低，投入金额在 10 万元以内进行创业的农民比例达到 60%。总利润较低，创业者的总利润低于 8 万元的农民创业者比例达到 61%。创业者对创业目标的达成度的评价水平不高，认为没有达到预期目标的农民比例达到 60%。

样本地区的调研结果对促进农村产业兴旺有重要的指导意义：第一，政府和金融机构要适当调整信贷政策，尽量缓解信贷约束对农民的压力，以满足农民创业资金需求。第二，加强农民社会网络建设，充分发挥社会网络在缓解信贷约束以及创业管理方面的重要作用。第三，改善农民创业环境，提升农民创业财务绩效和成长绩效。

同时，本章统计的调研数据会在以后各章中再度被列出，为每章的具体研究提供数据支持。

第3章 信贷约束对农民创业的影响

3.1 引言

创业对经济增长至关重要。创新是经济发展最重要的驱动要素，其动力来自于企业家精神（Schumpeter，2003），创业是劳动生产率提高的关键（Schmitz，1989）。一个国家或地区拥有的企业家数量越多，创业越活跃，经济增长率就越高（David 和 Oliver，2012；Djankov 等，2014）。创业能解决欠发达国家比较突出的就业问题（吴晓瑜等，2014），创业对中国经济发展有显著正效应（李宏彬等，2009）。在城镇化率为58.52%[①]和农业供给侧结构性改革不断深化的新形势下，创业在我国经济社会发展中的作用更为突出。然而，清华大学发布的《全球创业观察（GEM）2015/2016 中国报告》显示，虽然中国的创业活动在二十国集团中比较活跃，但创新能力还需要进一步提高。中国创新型企业的比例是25.80%，与创新驱动型经济体相比还有一定差距[②]。国家统计局发布的《2017年农民工监测调查报告》表明，2017 年农民工总量达到 28652 万人，农民工从事金融、教育、文化、体育和娱乐等服务业的比重较低。因此，引导和扶持农民工创业是一个事关中国未来长远发展的重大国家战略（彭克强、刘锡良，2015），是小规模农业生产、纯农业生产逐步转向适度规模农业生产、非农生产分化的重要路径，是中国农村经济转型和增长的重要引擎（卢亚娟等，2014），对增加农

① 国家统计局网站数据显示，2017 年末，我国城镇常住人口 81347 万人，城镇人口占总人口比重为58.52%，比上年末提高了 1.17 个百分点。

② 报告显示，创新驱动型经济体的创新型企业比例最高的前四位分别为：加拿大（36.10%）、美国（36%）、英国（36%）和德国（34.20%）。

民收入、转移农村富余劳动力、创造农村就业机会、缩小城乡收入差距以及促进农村经济持续发展等都具有非常积极的作用（郝朝艳等，2012）。

资金是创业最重要的要素之一。获得启动资金和运营资金是每个创业者必须面对的重要问题（Korsching 和 Hunger，2001），能够获取大量营运资本的人选择创业的概率大得多（张舰、Scott Rozelle，2017），资金对创业有正效应（吴晓瑜等，2014）。如果无法及时筹集所需资金，创业活动就会受到限制（Gentry 和 Hubbard，2004；Evans 和 Jovanovic，2002），人们就更有可能选择打工而不是自主创业。当前，我国农村居民依靠自有资金或通过非正规渠道满足创业所需资金的可行性比较低，主要原因是居民当前的收支余额较低，2012～2016 年，我国农村居民收支余额分别仅为 2234 元、2199 元、2106 元、1945 元和 2009 元①。那么，人们能够从银行等正规金融机构获得信贷支持从而创业吗？

有学者认为，欠发达国家和地区的农民/农户普遍存在信贷约束。发展中国家农村信贷市场的效率非常低下，信贷约束程度普遍相当严重（Hamada，2010），数据分析和实证检验均证实我国农户存在信贷约束（王书华等，2014）。农户普遍受到信贷约束，其融资需求主要通过非正规金融来满足（张三丰等，2013；王定祥等，2011）。大多数农户没有得到任何贷款，得到贷款的农户也面临严重的数量配给，从正规金融渠道得到的贷款仅占其有效需求额度的 43.1%（焦瑾璞，2013）。但是，也有学者持有不同观点。有些农户自身的信贷需求不足，申请了贷款的农户有 95% 能获得授信额度，只有不足 5% 农户受到完全信贷约束，8% 农户会受到部分信贷约束，50% 以上农户没有贷款需求（李岩等，2013）。农户信贷需求基本能得到满足，农户融资难最主要的原因是本身的信贷需求较低（钟春平等，2010）。

不仅如此，信贷约束对创业的影响也不一致。有研究认为，信贷约束对创业有显著负向影响。在创业初期，农业规模化经营的农户主要受到需求型信贷约束；在创业发展阶段，具有创新经营模式的创业农户主要受到供给型信贷约束（张应良等，2015）。金融约束是影响家庭创业的重要因素，在经济欠发达的农村地区，抑制作用更大，但随着金融发展水平的提高，抑制作用会逐步减弱（张龙耀等，2013）。信贷约束对农村家庭创业选择具有显著负向影响，并且对财富水平较高的家庭影响更大（翁辰、张兵，2015）。流动性约束对是否选择创业以及

① 《中国统计年鉴（2014）》统计了 2012 年农村居民人均纯收入和人均消费支出，分别为 7917 元和 5908 元。《中国统计年鉴（2017）》统计了 2013～2016 年农村居民人均可支配收入，分别为 9430 元、10489 元、11422 元和 1263 元，农村居民人均支出分别为 7485 元、8383 元、9223 元和 10130 元。

选择何种创业类型具有显著的、一致的阻碍作用（刘杰、郑风田，2011）。然而，也有研究表明，信贷约束并不总是对创业产生显著负向影响。初始财富和创业只在收入水平排在前5%水平的家庭里其有显著正向关系，在其他收入水平下都是高度非线性的，融资约束的放松并不一定会促进创业，因为财富的增加会弱化创业激励，反而是那些财富水平低的人更努力创业（Lusardi 和 Hurst，2003）。信贷约束对创业的影响并不是单调的，信贷约束的放松不一定会导致创业的增加，即使采用工具变量法解决可能存在的内生性，也未能够找到信贷约束对农户创业选择有显著影响的证据（程郁、罗丹，2009）。另外，融资环境对返乡创业企业绩效的影响并不显著（朱红根、解春艳，2012）。

那么，为什么同样的问题会得出不同的研究结论呢？我们认为主要有以下三个原因：其一，样本自身的异质性。有些文献采用全国范围内抽样调查的样本，这些数据虽然具备高度权威性和总体代表性，但中国地域广阔，各地（特别是城乡之间，东部、中部和西部之间）的环境资本、技术资本、金融资本以及人力资本禀赋都不一样。此外，现有文献的调研对象大多是家庭而不是个体，而家庭和个体在创业机会识别和时机把握以及创业行业选择、资金投入规模等都有不同。因此，调研区域和样本选择的异质性导致了研究结果不一样。其二，信贷约束界定的差异性。考察是否受到信贷约束时，不仅要考虑显性信贷约束，也要考虑潜在信贷约束。如果忽略了这个群体，会缩小信贷约束群体的比例。其三，模型内生性处理的合理性。资金丰裕度会影响人们的创业选择，创业也可能是资金状况的必然结果，两者存在双向因果关系。另外，考察某个变量对创业的影响时，要充分考虑到该变量和创业在时间逻辑上的合理性。以上问题得到较为科学的处理后，才能得到比较合理的结论。

鉴于此，本章基于江西省农民的调查数据，实证研究信贷约束对创业的影响，并提出相应的政策建议。将农民界定为出生在20世纪八九十年代的农村进城务工人员。和以往文献相比，本章有以下几个方面的尝试。其一，管中窥豹、见微知著。聚焦于特定地区特定人群的创业行为。江西省经济发展水平相对落后，一直是我国传统的劳务输出大省，许多外出打工者具有更高的创业期望，更有可能返乡创业，成为专业大户、家庭农场主等新型职业农民，留城的也有较强的创业意愿。其二，类聚群分、辨物居方。借鉴 Boucher 等（2009）等的直接诱导法，设置科学的问题诱导出真实信贷需求，不仅有效甄别了显性信贷约束和潜在信贷约束，还区分了信贷约束的类型。其三，细针密缕、稳妥适当。充分考虑了变量之间的双向因果关系可能导致的内生性问题，采用倾向得分匹配法中的近邻一对一匹配法实证研究了受到信贷约束的样本（处理组）创业的平均处理效应，利用倾向得分匹配法的其他算法以及马氏匹配法对基准回归结果进行了稳定性检验。再基于信贷约束类型和财富水平进行分样本实证研究，进一步考察异质性信贷约束对创业的影响。

该研究具有较强的现实意义：在实施乡村振兴战略的大背景下，产业兴旺的内源式发展需要充分发挥农民的企业家精神，而信贷约束的确抑制了他们创业的积极性。因此，改善融资环境是促进农民创业的重要措施。

本章第二部分介绍了倾向得分匹配法的理论基础、估算方法和对本研究的适用性；第三部分介绍数据来源和变量描述性统计；第四部分是 PSM 回归结果和相关检验的估计结果分析和稳健性检验；第五部分为进一步讨论；第六部分为研究结论与政策建议。

3.2 实证方法

3.2.1 倾向得分匹配法的理论基础

在进行实证研究时，可能有一些变量会混淆自变量和因变量之间的关系，这些混淆变量（Confounding Variables）的存在导致难以估算某个关键变量对因变量的净影响（Net Effects）。Rosenbaum 和 Rubin（1983）通过数理方法证明了控制倾向值能尽量消除选择性偏误（Selection Bias）的影响，从而保证因果关系的可靠性。倾向值是被研究的个体在控制可观测到的混淆变量时受到某种自变量影响的条件概率，控制倾向值的方法有很多种，最简便易行的是匹配。倾向匹配就是将受到某项政策影响和没有受到影响的样本进行匹配，并保证匹配后的个体的倾向值相似甚至相等，这样就能得到处理组和对照组两组个体。由于在倾向匹配过程中把已有的混淆变量控制起来后，两组个体在因变量上的差异就只能归因于要研究的关键变量而不是其他混淆变量，从而达到控制选择性偏误的目的。倾向得分匹配法（Propensity Score Matching，PSM）能够在处理组与对照组样本存在显著差异的非实验条件下，通过一个自然的加权方案（Natural Weighting Scheme）对处理效应做出无偏估计，因此，该方法特别有用（Rajeev 和 Wahba，2002）。倾向得分匹配法已经成为评估因果处理效应的普遍方法，只要存在处理效应、样本中拥有处理组的个体样本和非处理组的个体样本，这种方法几乎都适用（Caliendo 和 Kopeinig，2008）。

3.2.2 倾向得分匹配法的估算方法

Heckman 等（1998）、Caliendo 和 Kopeinig（2008）等认为倾向得分匹配法可以将样本进行分类，再根据不同样本间的差异计算处理效应，从而得到无偏估计。把处理变量（Treatment Indicator）设置为二元离散变量，该变量 D_i 赋值为 1 时表示受到某项政策的影响，反之赋值为 0。潜在的结果变量（Potential Outcomes）定义为 $Y_i(D_i)$，i 表示个体样本，$i=1$，…，N，共有 N 个样本。样本 i 的处理效应（Treatment Effect）的表达式为：

$$\tau_i = Y_i(1) - Y_i(0) \tag{3-1}$$

估计处理效应最大的难题在于，对于每一个个体 i，只能观测到一个结果，而"反事实"结果（Counter - factual Outcome）是无法观测到的。因此，估算每个个体的处理效应τ_i 是不可能的，只能估算整体样本的平均处理效应（Average Treatment Effect）。平均处理效应主要有两种：一种是整体样本的平均处理效应，另一种是局部的平均处理效应①。整体样本的平均处理效应（Population Average Treatment Effect，ATE）是指处理组和对照组的期望之差（Difference of the Expected Outcomes），即匹配后的处理组的结果变量均值减去对照组的结果变量均值：

$$\tau_{ATE} = E(\tau) = E[Y(1) - Y(0)] \tag{3-2}$$

当某个样本被随机分派到处理组的时候，τ_{ATE}不能代表该样本的处理效应值。Heckman 等（1998）指出，整个样本的平均处理效应对制定政策意义不大，因为该估计值也包含了没有受到相关政策影响的样本效应。因此，最重要的估计参数是处理组的平均效应（Average Treatment Effect on the Treated，ATT），该估计值反映受到某个政策的样本的平均处理效应（Marco 和 Sabine，2008）。处理组的平均处理效应可表达如下：

$$\tau_{ATT} = E(\tau \mid D=1) = E[Y(1) \mid D=1] - E[Y(0) \mid D=1] \tag{3-3}$$

处理组样本的平均处理效应是指处理组和对照组样本期望结果的差（Difference Between Expected Outcome）。从这个意义上说，这个参数关注的是处理组的样本，决定了这些样本受到某项政策影响时的成本和收益，从而判断该政策是否可行，再进一步讨论该估计值，并且认为对于政策评估而言，ATT 是需要重点关

① 局部的平均处理效应包括对照组的平均处理效应（ATT）和处理组的平均处理效应（ATU）。

注的参数（Heckman 等，1998）。另外，由于作为“反事实”的均值（$E[Y(0)|D=1]$）是无法观察到的，必须选择一个适当的替代来估计 ATT，在非实验研究中，通常使用对照组样本的均值（$E[Y(0)|D=0]$）来替代。这是因为，影响处理组的因素很大可能也是影响结果变量（Outcome Variable）的因素。即使在具有“选择性偏误”时，处理组和对照组的个体估算结果也会有所差别。因此，ATT 又可以用以下公式表示：

$$E[Y(1)|D=1]-E[Y(0)|D=0]=\tau_{ATT}+E[Y(0)|D=1]-E[Y(0)|D=0] \tag{3-4}$$

式（3-4）左边的差和τ_{ATT}被称作“选择性偏误”。当式（3-5）成立的时候，才得到τ_{ATT}真正的估计值。

$$E[Y(0)|D=1]-E[Y(0)|D=0]=0 \tag{3-5}$$

在随机分配处理组样本的社会实验中，处理组的平均处理效应是确定的，也是可以识别的。而非实验研究（Non-experimental Studies）中，必须需要用一些假设来解决式（3-4）中的选择性偏误问题。

3.2.3 倾向得分匹配法对本书的适用性

本章研究信贷约束对农民创业的作用机制和机理，创业可能受到信贷约束的影响，也可能受到个人特征及地区差异等混淆变量的影响，因此，是否创业的差异有可能是信贷约束导致的，但也有可能是这些混淆变量作用的结果。倾向值匹配就是根据比较接近的倾向值（即受到信贷约束的概率，通过 Logistic 模型回归得到）把处理组和对照组的样本进行匹配，这样就消除了混淆变量的差异（或者差异并不显著），两组样本创业概率的差异就只能归因于是否受到信贷约束，而不是其他混淆变量，这样就有效控制了选择性偏误问题。因此，倾向得分匹配法适用本章内容的研究，把没有受信贷约束的样本作为对照组（Control Group），把受到信贷约束的样本作为处理组（Treated Group），重点关注对照组的平均处理效应。

3.3 数据来源和变量描述性统计

3.3.1 数据来源

本章所用数据来自课题组于 2017 年 1～3 月在江西省进行的分层抽样调查。

以县为基本单位，将江西省划分为赣北、赣中和赣南三个区域，在赣北区域抽取南昌县和都昌县等13个县（市），在赣中区域抽取分宜县和安福县等12个县，在赣南区域抽取赣县和信丰县等15个县①。每个县随机选取3个乡镇，每个乡镇随机选取3个村，每个村随机选取3位1980年以后出生的农民进行调查，对不在家的进行电话采访以及询问当地村干部等方式完成信息采集，总共调研1080个样本。实际完成1074份，其中有效问卷1028份。该省是我国传统的农业大省，一直是我国劳动力外出务工最多的省份之一。另外，江西省农民在信贷需求和信贷约束方面的差异较大，适合开展信贷约束与创业问题的研究。

3.3.2 变量分析及描述性统计

第一，信贷约束。信贷约束概念的界定。通常情况下，人们的融资渠道主要是向金融机构贷款和向亲朋好友借贷，因此，信贷约束包括正规信贷约束和非正规信贷约束。本章的信贷约束指正规信贷约束，类型主要有交易成本约束、信贷风险约束和信贷规模约束。文章也区别了显性信贷约束和潜在信贷约束，显性信贷约束包括有金融需求但没有从正规金融部门获得贷款或所获得的贷款金额小于申请金额等情况；潜在信贷约束包括有信贷需求但因担心没有关系或手续繁琐等原因没有向银行申请贷款等情况。

信贷约束的甄别思路和方法。参照Boucher等（2009）、刘西川和程恩江（2009）、马九杰和吴本健（2012）、程郁和罗丹（2009）等直接诱导法（Direct Elicitation Method，DEM）考察信贷约束。课题组对问卷的问题进行了精心的设计，诱导调研对象透露出对银行产品和服务的真实信息，判断其借贷行为的选择。通过两个层次了解其真实信贷需求：首先，了解农民在过去5年②是否向银行申请了贷款，问卷中设计的问题为“过去5年，您是否向银行申请过贷款”，把该问题的答案分为“是”和“否”。其次，将申请者和未申请者又分别划分为

---

① 在赣北区域随机抽取南昌县、都昌县、九江县、鄱阳县、新建县、余干县、乐平市、东乡县、玉山县、弋阳县、武宁县、修水县、铜鼓县13个县（市），在赣中区域随机抽取分宜县、安福县、高安县、吉安县、遂川县、泰和县、峡江县、永丰县、金溪县、南城县、南丰县、万载县12个县，在赣南区域随机抽取赣县、信丰县、大余县、上犹县、崇义县、安远县、龙南县、定南县、全南县、兴国县、宁都县、于都县、会昌县、寻乌县、石城县15个县。一共调研了40个县（市）。

② 即2012年1月至2016年12月。把时间设置为5年是因为课题研究需要：其一，时间太短会导致创业样本数太小，无法全面了解农民的创业情况。2016年在南昌市附近的南昌县、靖安县及武宁县等地发放100份问卷进行第一次预调查时，把时间设置为“过去2年”，发现这个时间段有过创业行为的比例仅为16%，第二次在赣州地区发放的100份预调查问卷里，把时间设置为“过去3年”时，创业比例也只有17%。其二，课题需要研究农民的创业绩效，样本太小会使这一主要内容的研究无法进行。

两个方面。向申请者设计的问题是“您是否得到银行贷款”和“您是否得到您所申请的全部金额”，如果申请者得到了全部数量，说明没有受到信贷约束；如果得到部分数额，说明受到部分数量约束；如果申请者的贷款申请被全盘否定，说明受到完全数量约束。另外，还重点考察真实信贷需求，进而甄别潜在信贷约束，没有申请贷款并不意味着没有信贷需求。因此，又提出一个问题“您是否曾想过去银行贷款”，如果有申请贷款的意愿，但又没有申请，说明有潜在的信贷需求，再进一步甄别是否有信贷约束。这时需要回答以下选项：如果回答“利息太高”“离信用社太远”以及“手续太麻烦了”则说明受到交易成本约束；如果回答“借了担心还不起”“担心抵押的东西拿不回来”以及“没有抵押品”等说明受到信贷风险约束；回答“贷款额度太小不能满足需要”说明受到数量约束；回答“不知道贷款手续”说明受到信贷服务约束；若回答“有其他贷款”而不申请贷款，说明没有受到信贷约束。即使不想申请贷款，也有可能受到信贷约束。这时设计的问题是“您为什么不想去银行申请贷款”，如果回答“没有抵押、没人担保”说明受到风险约束；如果回答“利息太高”“没有关系，即使申请了也得不到贷款”说明受到成本约束；如果回答“距离太远”说明受到成本约束；如果回答“不需要借钱”说明没有受到信贷约束。最后，根据这些信息判断农民是否受到信贷约束并甄别信贷约束的类型。把不需要向银行等金融机构申请贷款或申请后得到全部申请金额的情况甄别为无信贷约束，把部分数量约束、全部数量约束、风险约束、成本约束等情况甄别为受到信贷约束。

根据上述信贷约束概念的界定和甄别思路，样本的信贷约束状况如表 3 – 1 所示：

表 3 – 1　农民信贷约束状况　　单位：位

区域	信贷约束				无信贷约束		总计
	部分数量型	完全数量型	成本型	风险型	得到所需贷款	无贷款意愿	
赣北	53	35	90	34	91	46	349
赣中	49	27	74	28	88	53	319
赣南	54	37	87	36	84	62	360
总计	156	99	251	98	263	161	1028
	604（59%）				424（41%）		

数据来源：课题组调研整理所得。

由表 3 – 1 可知，约 59% 的样本受到信贷约束。这一结果与张应良等

(2015)、张龙耀等（2013）等的研究结果基本一致①。在信贷约束类型中，成本及风险型信贷约束比例最高，占58%（349/604）。无信贷约束的占41%，包括获得了所需贷款金额和没有贷款意愿的农民（如“自身经济实力较强”“能通过非正规金融渠道获得资金”或“不想支付利息”等原因而没有意愿申请贷款）各占26%（263/1028）和15%（161/1028）。

本章要探讨信贷约束对创业的影响，需避免创业对信贷约束的反向作用。基于调查数据，我们发现如果排除创业对信贷约束在时间逻辑上可能出现的反向影响样本，受到信贷约束的比例从之前的59%下降到58%。因为这种可能会产生反向影响的样本只占1%，所以采用以上数据来分析信贷约束对创业的影响基本上克服了反向影响问题。

第二，创业。创业的界定和赋值。创业主要指从事特色种植养殖业、加工业、小型工矿企业、餐饮服务业、运输业、经商、农村旅游业及创办合作组织或协会的行为。为尽量减少变量之间可能存在的反向因果关系，把创业界定为农民产生创业意愿后进行的任何相关创业活动的行为，不仅包括创业成功后的经营行为，还包括创业失败的各种情况。设置一个主要问题“过去5年您是否曾经创业”，把在过去5年里有过任何创业经历的样本赋值为1，反之为0（吴一平、王健，2015；刘鹏程等，2013）。

第三，协变量。本章使用的协变量主要是农民的特征变量，包括社会网络、家庭居住地与银行等金融机构的最小距离、年龄、婚姻、受教育程度、风险偏好等。理论上，这些因素对创业有影响。国内外很多学者都从组织学的角度分析了社会网络（或社会资本）对农民创业的重要作用（Freire - Gibb 和 Nielsen，2014；庄晋财等，2014；蒋剑勇等，2014；郭红东、丁高洁，2013；朱红根、解春艳，2012），人力资本和社会资本直接影响农民的创业意愿和创业行为，在社会资本中，同质性社会网络更有利于农民的创业（汪三贵等，2010）。另外，个人特征也会影响其创业行为。家庭成员文化程度越高，创业的可能性越大，年轻农民更倾向于选择创业（郝朝艳等，2012）。人格特质也会影响创业行为。户主更具有冒险精神，其风险忍受能力更强，创业可能性要更大（Hurst 和 Lusardi，2002）。创业者的人格特质并非天生，会受到遗传基因和后天环境的双重影响，创业者在其人格特质的基础上通过不断的适应性学习，能够实现所创事业的成功（罗明忠、陈明，2014）。受“大五”人格特质理论的影响，在问卷中设置“风

① 样本农户60%以上的群体受到金融约束（张应良等，2015）；中国城乡家庭创业活动普遍面临着现实存在的金融约束，其中尤以农村家庭为甚（张龙耀等，2013）。

险偏好自评”的问题①，调查农民对自己性格特征的认识。模型所用变量的含义及赋值如表 3－2 所示：

表 3－2　变量的含义和赋值

变量名称	变量含义和赋值
创业	过去 5 年有过创业经历，赋值为 1，反之为 0
信贷约束	受到信贷约束，赋值为 1，反之为 0
社会网络	互赠礼品（礼金）的次数，高于平均数表示强社会网络，赋值为 1，反之为 0
最小距离	与银行、信用社、邮政储蓄等金融机构的最小距离（公里）
政治参与	家里有成员是村干部、人大代表或政协委员等，赋值为 1，反之为 0
年龄	农民年龄（岁）
婚姻	已婚赋值为 1，反之为 0
小学及以下学历	受教育程度是小学及以下，赋值为 1，反之为 0
初中学历	受教育程度是初中，赋值为 1，反之为 0
高中学历	受教育程度是高中，赋值为 1，反之为 0
大专学历	受教育程度是大专，赋值为 1，反之为 0
本科及以上学历	受教育程度是本科及以上，赋值为 1，反之为 0
冒险型	性格特征或风险偏好是冒险型，赋值为 1，反之为 0
中间型	性格特征或风险偏好是中间型，赋值为 1，反之为 0
保守型	性格特征或风险偏好是保守型，赋值为 1，反之为 0
赣北	赣北区域为 1，否则为 0
赣中	赣中区域为 1，否则为 0
赣南	赣南区域为 1，否则为 0

各变量的描述性统计。总体样本中，在过去 5 年里，共有 399 位农民有过创业经历，创业变量的均值为 0.3881，其他 629 位没有创业任何活动。需要特别说明的是，根据前文中创业概念的界定，本章的创业包括了创业成功的情况，也包括各种创业失败了的情况。只要为创业采取过相关活动，都视为创业。主要原因

① 以自我评价的方式，调查农民的风险偏好属于冒险型、中间型以及保守型中的哪一种。

在于，随着外出打工年限的增加，农民创业意愿在不断增强，但现实中往往会因为筹集不到足够资金、劳动力不足或者不能通过审批等原因导致没能创办好经营实体，或者创办好了但因为资金周转困难等原因在短时间内就倒闭了。调查发现，这些情况在农民创业群体中是比较普遍的，如果只考虑创业成功的情况，得到的结论是不符合现实情况的。

总体样本中的社会网络变量的均值是0.5837，受到信贷约束的样本的社会网络的均值要小很多（0.5248<0.6675），统计数据上表明社会网络和创业具有相关性。最小距离变量的均值为2.3公里，受到信贷约束的样本的这一指标的均值为0.6。政治参与变量的均值为0.4523，信贷约束样本的这一指标的均值低很多（0.2632<0.7217）。本书所用变量的描述性统计如表3-3所示。

表3-3 变量的描述性统计

变量名称	全部样本				信贷约束组		无信贷约束组	
	均值	标准差	最小值	最大值	均值	标准差	均值	标准差
创业	0.3881	0.4876	0	1	0.3460	0.4761	0.4481	0.4979
信贷约束	0.5875	0.4925	0	1	1.000	0.000	0.000	0.000
社会网络	0.5837	0.4932	0	1	0.5248	0.5000	0.6675	0.4717
最小距离	2.3329	1.2600	0.1	10	2.5993	1.2446	1.9537	1.1836
政治参与	0.4523	0.4980	0	1	0.2632	0.4408	0.7217	0.4487
年龄	30.8658	4.1033	20	36	30.7020	4.1218	31.0991	4.0703
性别	0.9270	0.2602	0	1	0.9354	0.2460	0.9151	0.2791
婚姻	0.6362	0.4813	0	1	0.6291	0.4834	0.6462	0.4787
小学及以下学历	0.0992	0.2800	0	1	0.0828	0.2758	0.0896	0.2860
初中学历	0.5477	0.4980	0	1	0.5563	0.4972	0.5354	0.4993
高中学历	0.2675	0.4429	0	1	0.2583	0.5383	0.2812	0.4503
大专学历	0.0749	0.2633	0	1	0.0745	0.2628	0.0755	0.2645
本科及以上学历	0.0107	0.1029	0	1	0.0149	0.1213	0.0047	0.0686
冒险型	0.2267	0.4189	0	1	0.2152	0.4113	0.2429	0.4294
中间型	0.5603	0.4966	0	1	0.5447	0.4984	0.5825	0.4937
保守型	0.2130	0.4096	0	1	0.2395	0.4282	0.1745	0.3803

续表

变量名称	全部样本				信贷约束组		无信贷约束组	
	均值	标准差	最小值	最大值	均值	标准差	均值	标准差
赣北	0.3394	0.4738	0	1	0.3079	0.4620	0.3844	0.4870
赣中	0.3103	0.4628	0	1	0.3129	0.4641	0.3066	0.4616
赣南	0.3503	0.4773	0	1	0.3791	0.4858	0.3090	0.4626

注：①全部样本的观察值个数为1028，经过调整后，受到信贷约束组的观察值个数为578，无信贷约束组的观察值为450；②因篇幅有限只报道了全部样本的最小值和最大值，受到信贷约束的群体中，除“信贷约束”变量的最小值是1以及“最小距离”变量的最小值为0.1公里、最大值为10公里外，各最小值和最大值与全部样本中的都相同；无信贷约束的群体中，除“信贷约束”变量的最大值是0以及“最小距离”变量的最小值为0.15公里、最大值为8公里外，各最小值和最大值与全部样本中的相同。

数据来源：课题组调研整理所得。

3.4 PSM回归结果和相关检验

3.4.1 基准回归结果

第一，k近邻（一对一）匹配法[①]估计结果。使用软件Stata15进行回归。表3－4前半部分报告了Logistic模型的估计结果，表明社会网络、最小距离以及政治参与等变量在1%的统计水平上对信贷约束有显著影响，但是，这个回归结果最重要的意义在于计算出各协变量的倾向得分值，以根据得分值进行匹配。表3－4后半部分“Unmatched”一栏显示了样本匹配前的估计结果，表明信贷约束对创业有显著负向影响。重点关注ATT（处理组即受到信贷约束的样本的平均处理效应），其估计值为－0.164，对应的T统计量为－2.83，表示经过匹配后，信贷约束的平均处理效应显著为负，其含义是，信贷约束会降低创业概率约16%。如果信贷约束能够有效缓解，创业概率会上升约10%（59%×16%＝

① k近邻匹配是寻找倾向得分最近的k个不同组个体进行匹配，如果k＝1，则为“一对一匹配”，本章的基准检验结果采用近邻一对一匹配结果。

0.094[①]），即调研样本中农民的创业比例会从目前的39%提升到49%。这一结论与张应良等（2015）、翁辰和张兵（2015）、张龙耀等（2013）以及刘杰和郑风田（2011）等的研究结论是一致的。本章的不同之处在于：其一，创业概念在时长上的区别。刘杰和郑风田（2011）把“家庭中是否有自营工商业”“2007年种植业规模在100亩以上”或“2007年养殖业存栏价值在5万元以上”视为创业，张龙耀等（2013）把农村家庭创业界定为非农领域的“自我雇佣或建立新企业”行为，翁辰和张兵（2015）把“如果该农村家庭实际经营耕地面积在50亩以上或农业生产经营上当年投入总成本在5万元以上”视为创业。这些文献在变量的设置上无疑是规范的、合理的，但创业是一个连续的过程，因此本章把创业期限设置为5年。其二，创业概念的界定有所不同，现有大多文献的创业是指对现有创业实体的经营活动，本章还包括了曾经创业但没有创办成功的情况。其三，充分考虑了内生性问题。在样本选择方面，考虑了创业对信贷约束的反向因果关系，排除了一些不合适的样本。在研究方法方面，通过降维，倾向得分匹配法能够尽可能克服变量之间的内生性。

本章把近邻一对一匹配法得到的回归结果作为基准结果，理由是：其一，该匹配法是倾向得分匹配法最基本的算法，应用最广泛；其二，该匹配法的回归结果的绝对值（16%）大于其他匹配方法下的回归结果，更能充分说明信贷支持对农民创业的重要性[②]。

第二，基准回归结果分析。基准回归结果表明，信贷约束确实抑制了农民创业。其机理在于，财富水平是影响创业的重要因素，国内外大量文献证实了这一观点。资金（Financial Capital）是创业所需的四大资本之一[③]，企业家的资金水平会影响创业选择和创业投资（Gentry 和 Hubbard，2004）。家庭总资产对创业的估计结果在1%的水平上有显著正向影响，财富水平越高的家庭选择创业的概率越高（翁辰、张兵，2015）。家庭财富变量的系数估计值为正且在5%的水平上具有统计显著性，表明家庭财富水平越高的家庭选择创业的概率也越高（张龙耀等，2013）。中国农村家庭的创业选择行为与其家庭金融资源可得性、拥有的资产规模呈正相关关系，提高家庭金融可得性对于提高创业概率有显著的正向边际效应（卢亚娟等，2014）。在农村创业的初始投资和后续发展所需的资金很大

① 样本中有59%受到信贷约束。

② 笔者认为，回归估计值的绝对值越大，说明信贷资金对农民的作用越重要。

③ 其他三个分别是环境资本、技术资本和人力资本（Environmental，Technological and Human Capital）。

程度上来自于家庭亲友的民间借贷（马光荣、杨恩艳，2011），农民自身的储蓄难以填补创业资金缺口，创业者能否获得外部资金支持对企业的存活具有直接影响（芮正云、史清华，2018）。因此，能否得到正规金融机构的信贷支持对农民的创业非常关键。如果受到信贷约束，创业初始资金无法得到满足，会错失创业机会。创业过程中受到的信贷约束会导致无法扩大经营规模，从而抑制创业。

表 3-4　PSM（近邻一对一匹配法）估计结果

Logistic regression	Number of obs = 1028	LR chi2 （14） = 310.30
Prob > chi2 = 0.0000	Pseudo R^2 = 0.2227	Log likelihood = -541.5632

信贷约束	系数	标准差	Z 统计量	P > |z| 值
社会网络	-0.5714	0.1540	-3.71	0.000
最小距离	0.4843	0.0712	6.81	0.000
政治参与	-1.9871	0.1531	-12.98	0.000
年龄	-0.0309	0.0189	-1.63	0.103
性别	0.0641	0.3066	0.21	0.834
婚姻	0.0230	0.1627	0.14	0.888
小学及以下学历	0.2616	0.2983	0.88	0.381
初中学历	0.2243	0.1750	1.28	0.199
大专学历	0.2466	0.3078	0.80	0.423
本科及以上学历	0.7825	0.9109	0.86	0.390
冒险型	-0.3948	0.2304	-1.71	0.087
中间型	-0.1151	0.1957	-0.59	0.556
赣中	0.5304	0.1914	2.77	0.006
赣南	0.8598	0.1945	4.42	0.000
_cons	0.9882	0.7128	1.39	0.164

变量	样本	处理组	对照组	差值	标准误	T 统计量
创业	匹配前	0.3460	0.4481	-0.1021	0.0307	-3.32
	ATT	0.3444	0.5083	-0.1639	0.0579	-2.83
	ATU	0.4467	0.3337	-0.1129	—	—
	ATE	—	—	-0.1434	—	—

注：①回归结果的最后一部分显示，在总共 1028 个观测值中，对照组（Untreated）共有 21 个不在共同取值范围中（Off Support），处理组（Treated）共有 3 个不在共同取值范围中，其余 1004 个观测值均在共同取值范围中（On Support）；②该表未报告 ATU 和 ATE 的标准误，可使用自助法得到。自助 500 次得到的 ATT、ATU 和 ATE 的系数分别为 -0.1639、-0.1129 和 -0.1434，自助标准误分别为 0.0608、0.0607 和 0.0465，都在 10% 范围内显著。

3.4.2 平衡性检验

使用倾向得分匹配法进行实证研究时需要考虑不同样本组之间的平衡性，需要进一步考察匹配结果是否较好地平衡了数据。由表3-5可知，匹配前，处理组与对照组样本存在显著差异，但匹配后，协变量都没有非常显著的系统性差异，满足Caliendo和Kopeinig（2008）提出的在非实验条件下使用该方法的重要条件：匹配后处理组和对照组的协变量没有显著差异。表3-5结果显示，匹配效果通过了平衡性检验。匹配后大多数特征变量的标准化偏差（%bias）小于10%，只有"政治参与""初中学历"和"赣南"三个变量的标准化偏差的绝对值大于10%，但全部都接近10%，最大的也只有12.4（绝对值），这个结果是可以接受的。几乎所有的t检验的结果都不拒绝处理组与对照组无系统差异的原假设。只有"初中学历"变量的t统计量的绝对值大于2，但2.17非常接近2，因此也是可以接受的。对比匹配前的结果，大多数变量的标准化偏差均大幅度缩小，即匹配之后，处理组和对照组的很多特征变量没有系统性的差别。

表3-5 信贷约束和无信贷约束样本组的平衡性检验结果

变量	匹配类型	处理组均值	对照组均值	两组差异t统计量	偏误比例（%）	偏误降低比例（%）
社会网络	匹配前	0.5248	0.6675	-4.61	-29.3	77.8
	匹配后	0.5258	0.4942	1.10	6.5	
最小距离	匹配前	2.5993	1.9537	8.35	53.2	95.4
	匹配后	2.5723	2.6020	-0.36	-2.4	
政治参与	匹配前	0.2633	0.7217	-16.30	-103.1	88.7
	匹配后	0.2646	0.3161	-1.97	-11.6	
年龄	匹配前	30.7020	31.0990	-1.53	-9.7	-71.8
	匹配后	30.6920	30.0100	2.84	16.7	
性别	匹配前	0.9354	0.9151	1.23	7.7	37.3
	匹配后	0.9351	0.9418	-0.48	-2.5	
婚姻	匹配前	0.6291	0.6462	-0.56	-3.6	-46.1
	匹配后	0.6306	0.6057	0.89	5.2	
小学及以下学历	匹配前	0.0828	0.0896	-0.39	-2.4	-191.9
	匹配后	0.0832	0.0632	1.33	7.1	

续表

变量	匹配类型	处理组均值	对照组均值	两组差异 t统计量	偏误比例（%）	偏误降低比例（%）
初中学历	匹配前	0.5563	0.5354	0.66	4.2	-194.9
	匹配后	0.5574	0.6190	-2.17	-12.4	
大专学历	匹配前	0.0745	0.0755	-0.06	-0.4	-930.9
	匹配后	0.0732	0.0832	-0.64	-3.8	
本科及以上学历	匹配前	0.0149	0.0047	1.56	10.3	18.3
	匹配后	0.0133	0.0050	1.51	8.4	
冒险型	匹配前	0.2152	0.2429	-1.04	-6.6	-50.2
	匹配后	0.2163	0.2579	-1.70	-9.9	
中间型	匹配前	0.5447	0.5826	-1.20	-7.6	-23.1
	匹配后	0.5424	0.4958	1.62	9.40	
赣中	匹配前	0.3129	0.3066	0.22	1.40	-269.2
	匹配后	0.3128	0.3361	-0.86	-5.0	
赣南	匹配前	0.3791	0.3090	2.33	14.80	28.9
	匹配后	0.3777	0.4276	-1.77	-10.50	

匹配后的特征变量的偏误（绝对值）降幅非常大，说明倾向得分匹配确实显著降低了信贷约束组和无信贷约束组之间的差异。

3.4.3 稳健性检验

在抛弃了对照组一些不相关的样本之后，样本会相对减少，这时，匹配法的选择就变得很重要了（Rajeev 和 Wahba，2002）。因此，在采用近邻一对一匹配法进行基准检验后，再采用 k 近邻匹配法中的一对多匹配法①、半径匹配法、核匹配法、局部线性回归匹配法以及马氏匹配法对基准检验结果进行稳健性检验②。

稳健性检验一：PSM 其他算法的估计结果。倾向得分匹配法有 k 近邻匹配

① k 近邻匹配法又分为一对一匹配法和一对多匹配法。k 取值为 4 时称为“一对四匹配法”。当然也可以取其他值，比如取 2、3 和 5 时，ATT 的标准化差（Differences）的值分别为 -0.152、-0.137 和 -0.118，T 统计量分别为 -2.93、-2.74 和 -2.44。和 k 取值为 4 的作用方向一样，都在 5% 范围内显著。

② 参考陈强（2013）用“马氏匹配法得到的平均处理效应的估计值和显著性与倾向得分匹配法类似”来验证估计结果的稳健性。

法、半径匹配法、核匹配法和局部线性回归匹配法，这些方法的基本原理是相同的，但匹配的数量和质量有所差异。结果表明，这几种匹配方法的平均效应（ATT）是一致的：信贷约束对创业都有显著负向影响，都在5%水平内显著，作用程度均在10%～14%，与基准回归结果（16%）比较接近。PSM其他算法的估计结果如表3－6所示①。

表3－6 其他匹配法的估计结果

匹配方法	变量	样本	处理组	对照组	差异	标准误	T统计量
	创业	匹配前	0.3460	0.4481	－0.1020	0.0307	－3.32
近邻（一对四）匹配法	创业	ATT	0.3444	0.4661	－0.1217	0.0487	－2.50
半径匹配法②	创业	ATT	0.3406	0.4716	－0.1310	0.0491	－2.67
核匹配法	创业	ATT	0.3444	0.4467	－0.1022	0.0250	－4.08
局部线性回归匹配法	创业	ATT	0.3444	0.4799	－0.1355	0.0579	－2.34

稳健性检验二：马氏匹配法估计结果。一般情况下，x_i 为 K 维向量，如果直接使用 x_i 进行匹配，则意味着要在高维度空间进行匹配，这时样本数据可能会比较稀疏，难以获取与 x_i 相近的 x_j 与之相匹配。解决这一问题的办法是将函数 $f(x_i)$ 的 K 维向量的信息压缩到一维，进而根据 $f(x_i)$ 进行匹配。方法之一是使用向量范数（Vector Norm），即在向量空间（Vector Space）定义距离函数。考虑 x_i 与 x_j 之间的相似度或距离，定义“马氏距离”（Mahalanobis Distance）为：

$$d(i,j) = (x_i - x_j)' \hat{\sum}_X^{-1} (x_i - x_j) \tag{3-6}$$

其中，二次型矩阵 $\hat{\sum}_X^{-1}$ 为 x 的样本协方差矩阵之逆矩阵。使用马氏距离进行匹配的方法被称为马氏匹配法③（陈强，2013）。马氏匹配法的估计结果如表3－7所示。

① 受篇幅所限以及ATT是倾向得分匹配法中最重要的估计结果，其他匹配法得到的结果只报告ATT。

② 半径设置为0.01。

③ 倾向得分匹配是把两组间的倾向得分的差异降到最小，马氏匹配是以马氏距离为基础的多元变量匹配，把匹配后的协变量距离降到最小。

表 3 -7 马氏匹配法估计结果

匹配方法	变量	样本	处理组	对照组	差异	标准误	T 统计量
马氏匹配法	创业	匹配前	0. 3460	0. 4481	-0. 1021	0. 0307	-3. 32
		ATT	0. 3460	0. 4579	-0. 1118	0. 0423	-2. 64
		ATU	0. 4481	0. 3355	-0. 1126	0. 0376	-3. 00
		ATE	—	—	-0. 1121	0. 0364	-3. 08

由表 3 -7 可知，ATT 的标准差异为 -0. 1118，T 统计量为 -2. 64，这就表明，无论是平均处理效应的估计值还是显著性，马氏匹配法的结果与上述各种倾向得分匹配法的结果非常一致，进一步证明了基准回归结果的稳健性。

3. 5　进一步讨论

前文基于直接诱导法甄别了样本是否受到信贷约束以及信贷约束的类型，并采用 PSM 模型的各种匹配方法和马氏匹配法实证研究了信贷约束对农民创业的影响及机理。但是，不同类型的信贷约束对创业的影响可能并不一样，对于财富水平不同的农民，信贷约束对创业的影响可能也会不同。因此，本部分将根据信贷约束类型和财富水平的差别对样本进行分类，考察不同类型和不同财富水平下信贷约束对创业的影响。

3. 5. 1　按信贷约束类型分组

将样本按信贷约束类型进行分类，把没有受到信贷约束的样本作为控制组，把受到信贷约束的样本分为部分数量型信贷约束、全部数量型信贷约束、成本型信贷约束和风险型信贷约束四种，采用 PSM（近邻一对一匹配法）模型进行回归，结果如表 3 -8 所示。研究发现，四种类型的信贷约束都对创业有负向影响，且都在 1% 统计水平上显著，但各种类型的信贷约束对创业的影响程度并不一样。相对而言，部分数量型信贷约束对创业的负向影响最大（系数为 -0. 1731），说明银行等正规金融部门能够满足农民的创业资金需求，但信贷支持力度还需要加强。成本型信贷约束的负向影响也比较大，说明部分农民创业时有信贷资金需求，但会因为利息太高、贷款手续太复杂以及距离金融机构太远等原因不申请，从而影响创业。可能的原因在于，在创业农民群体的借贷市场中，正规信贷机构和非正规借贷部门之间存在一定程度的替代关系。非正规信贷在给农民提供借贷资金时存在一定的比较优势，借贷关系发生在亲朋好友当中，往往不需要支付利息，也不需要花费太多时间，因此，借贷成本相对较低。全部数量型信贷约束的回归结果表明，农民向银行等金融机构申请贷款但没有获得任何贷款金额时，也会显著影响农民创业，但这种影响相对较小。变量“风险型信贷约束”回归结果说明，农民因没有抵押、担保或者担心不能按时偿还贷款等基于风险考虑而遭遇的信贷约束一样对创业产生显著负向影响，但相对而言，该影响最小。这一研究结果表明，银行等金融机构在制定相关信贷政策时，要重点关注受到部分数量型和成本型信贷约束的创业农民群体，缓解其信贷约束，从而促进创业。

表 3－8　按信贷约束类型分组的 PSM 估计结果

	变量	样本	处理组	对照组	差异	标准误	T 统计量
部分数量型信贷约束	创业	ATT	0.3098	0.4829	－0.1731	0.0287	－6.04
全部数量型信贷约束	创业	ATT	0.3493	0.4872	－0.1378	0.0332	－4.15
成本型信贷约束	创业	ATT	0.3493	0.4903	－0.1410	0.0332	－4.25
风险型信贷约束	创业	ATT	0.3482	0.4857	－0.1375	0.0339	－4.06

注：为简便起见，分样本回归只统计 ATT 估计结果，下同。

3.5.2　按财富水平分组

以农民总收入来衡量财富水平，根据“您过去 12 个月的总收入”的调研数据的中位数（37000 元）为标准，将财富水平分为高财富和低财富两个组，采用 PSM（近邻一对一匹配法）模型进行回归，结果如表 3－9 所示。研究表明，不管财富高低，信贷约束的估计系数都在 1% 水平上具有统计意义上的负向显著性，但高财富组的影响程度更高（11% >9%），这与张龙耀等（2013）和翁辰、张兵（2015）等的研究结论是一致的。可能的原因在于，财富水平较高的新生代农民创业的意愿相对更强，创业机会相对更多，创业水平相对更高，需要的信贷资金相对更多，但受到信贷约束的概率也相对更大，因此，对创业的影响程度相对更高。银行等正规金融机构在实施差别化的信贷政策时，应重点加大对财富水平相对较高的创业农民的信贷支持，努力缓解其信贷约束，促进其创业。

表3－9 按财富分组的PSM估计结果

	变量	样本	处理组	对照组	差异	标准误	T统计量
低财富组	创业	ATT	0.3500	0.4435	－0.0935	0.0283	－3.31
高财富组	创业	ATT	0.3361	0.4474	－0.1113	0.0320	－3.48

3.6 研究结论与政策建议

本章以江西省1028位农民的调研数据实证研究了信贷约束对农民创业的影响。利用直接诱导法不仅甄别了显性信贷约束，还有效识别了潜在信贷约束，在充分考虑了样本的反向因果关系后，利用倾向得分匹配法的近邻一对一匹配法实证研究了信贷约束对农民创业的作用方向和程度，再利用近邻一对多匹配法、半径匹配法、核匹配法、局部线性回归匹配法以及马氏匹配法对基准回归结果进行了稳健性检验，并按信贷约束类型和财富标准进行分样本回归分析。研究结果表明：第一，约59%的样本受到信贷约束，信贷约束对农民创业有显著负向影响：信贷约束会降低创业概率约16%，各种稳健性检验都支持该实证结果；第二，缓解信贷约束能使农民创业比例提升约10%（即由目前的39%上升到49%）；第三，各种类型的信贷约束对农民创业都有显著负向影响，但部分数量型和成本型信贷约束对创业的影响相对更大；第四，不管财富高低，信贷约束对农民创业都有显著负向影响，但高财富组的影响大2个百分点。

本章的研究结论为促进农民创业提供了以下政策建议：第一，积极缓解创业农民的信贷约束。在需求主体方面，农民要加强自身学习，对创业项目进行全面调研和科学论证，提高项目可行性，降低潜在风险；努力提高自身金融素养，增加与银行的交流，充分了解金融政策和各种金融产品的覆盖范围和成本。在供给主体方面，银行等金融机构应该承担更多的社会责任，不宜把解决农民创业资金需求的重任放在他们自身资本积累的途径和非正规金融渠道上。第二，努力增加农民创业的有效信贷供给。银行等金融机构要积极创新金融产品和金融服务，加强对创业项目的审核，对创业项目的风险进行科学评估，适当降低抵押要求，尽量简化贷款手续。实行科学定价，实行“量”和“价”统筹，实现“既要保本还要获利”。在支持农民创业的同时，创造出利润增长点，最终实现创业信贷资金“供给者”和“需求者”的双赢。第三，实施科学的信贷政策瞄准机制。银行等金融机构实施差别化信贷政策时要重点关注受到部分数量型和成本型信贷约束的创业农民群体，应加大对财富水平相对较高的创业农民的信贷支持，努力缓解其信贷约束，促进农民创业。

第4章　社会网络对农民创业的影响

4.1　引言

创业是经济发展和社会进步的重要推动力。创业对经济增长的贡献率可以达到1/4~1/3（Carter等，2003），能够促进人们就业的灵活性，可以提高人们的工作满意度和生活满意度（Van Praag和Cramer，2001），创业不仅能有效缓解就业压力，还是低收入群体实现个人价值的重要通道（Shane和Venkataraman，2000），因此，创业是经济理论和公共政策领域的核心问题之一（Holtz－Eakin等，1994）。在“大众创业、万众创新”和农业供给侧结构性改革稳步推进的背景下，我国农民的创业活动异常活跃，鼓励农民创业已成为解决我国“三农”问题的一项重要举措。中共中央、国务院于2018年9月印发的《乡村振兴战略规划（2018—2022年）》明确指出要激发农村创新创业活力。在诸多利好政策的推动下，一些农民渴望实现从亦工亦农向全职非农身份的转变，从谋求生存向追求自主创业转变。然而，受身份、环境和其他因素的限制，他们创业难的窘境依然没有改变，在创业机会识别、项目选择以及绩效管理等方面的能力均有待提高。因此，引导和扶持农民创业引起了众多学者和政策制定者的充分关注和高度重视。

国内外大量研究发现，金融资本、社会资本、人力资本以及家庭特征等都是影响创业的重要因素。其中，社会网络是最重要的影响因素之一。社会网络是“特定的个人之间的一系列独特的联系”（Lin，2001），能够建立个体与外部环境之间的关系，对创业意向和行为起到了重要作用，可以共享信息、分担风险

(Fafchamps 和 Minten，2001)、提高市场运作效率、平滑消费、提高居民收入(Grootaert，1999；Narayan 和 Pritchett，1999；Hamilton，2000)和促进就业、减少机会主义行为以及改善集体决策(Montgomery，1991；Munshi 和 Rosenzweig，2006)，能有效推进人们在价值认知观念上的一致性，强化人们对道德准则的敬畏心，能在一定程度上提高国民的整体文化素质(Munshi 和 Rosenzweig，2006)。传统农业社会下的中国长期保持着以家庭伦理、宗族秩序主导人伦关系乃至社会关系的运行规则，带有鲜明的“人情社会”特征(路雅文、张正河，2018)。适度地进行社会网络关系嵌入、获得社会资本可以使组织更容易获取创业资源和知识(杨震宁等，2013)，社会网络的中心度和结构洞与企业创新绩效呈显著正相关关系，技术型人才以及管理型人才的流动所形成的社会网络对于企业创新绩效的提升都有显著的促进作用，尤其是管理型人才(刘善仕等，2017)。社会网络对于城镇和农村家庭创业行为均有显著的促进作用，但对农村家庭作用更大(胡金焱、张博，2014)。社会性关系网络和市场性关系网络对农民创业绩效有显著影响，拥有更多家人、亲戚和朋友并值得信任、获得支持以及与潜在或者已有客户和生意伙伴建立了密切联系的创业者容易取得更好的创业绩效(郭红东、丁高洁，2013)。

现有相关文献为本章的写作提供了丰富的研究视角，但以下几个方面还需要进一步完善。第一，应充分考虑农民社会网络的异质性。中国人口众多，不同地区、不同群体的血缘、亲缘、地缘关系都不大一样，农民的地理梯次流动、职业梯次流动和家庭梯次流动与城市居民不尽相同，需要更加明确农民群体社会网络的异质性特征。第二，应尽量避免社会网络的内生性。基于中国数据的研究大多没有很好地考虑社会网络的内生性可能导致的估计偏误，这是研究社会网络作用的很多文献共同存在的问题(章元、陆铭，2009)。第三，应仔细斟酌创业范围的全面性。现有大多文献的创业范围只界定在已经成功创办了经营实体的情况，忽略了创业失败的样本。我们调研发现，因筹集不到足够资金、劳动力不足或者不能通过审批等原因导致没能创办经营实体，或者创办了但因为资金周转困难等原因在短时间内就倒闭的情况在农民创业过程中是比较普遍的。那么，在充分考虑了农民社会网络的异质性和内生性以及创业范围的全面性后，社会网络对农民创业的影响会是怎样呢?

基于上述问题，本章利用江西省1028位农民的微观调研数据，在充分考虑了农民社会网络的相关特征后，利用倾向得分匹配法、马氏匹配法和工具变量模型实证检验了农民社会网络对其创业的影响。本章的研究有利于我们重新审视农民的社会网络及其对创业的影响，进而为促进农民创业提供真正有价值的政策建议。

本章余下部分的结构安排如下：第二部分介绍倾向得分匹配法及其适用性；第三部分是数据来源和变量描述性统计；第四部分报告影响结果并分析了影响机理；第五部分进行稳健性检验；第六部分是研究结论与政策建议。

4.2 分析方法

倾向得分匹配法是评估因果处理效应的普遍方法。只要存在处理效应、样本中拥有处理组和非处理组的个体样本，这种方法几乎都适用（Marco 和 Sabine，2008）。Rosenbaum 和 Rubin（1983）通过数理方法证明了控制倾向值能尽量消除选择性偏误（Selection Bias）对研究结论的影响，从而保证因果关系的可靠性。

倾向得分匹配法是一般估算方法（陈强，2013）。首先，选择协变量 x_i，尽量包含可能影响（y_{0i}，y_{1i}）与 D_i 的相关变量（D 为处理变量，y 为结果变量），以保证可忽略性假设得到满足。其次，用 Logistic 回归来估计倾向得分。如果估计结果较为准确，x_i 在匹配后的处理组与控制组之间分布较为均匀，且使得处理组和控制组的均值比较接近，这个过程在统计学上被称为“数据平衡”（Data Balancing）。但这两者的差距显然与计量单位有关，因此要对自变量的每个分量进行标准化差距（Standardized Difference）或标准化偏差（Standardized Bias）处理。最后，根据匹配后样本（Matched Sample）计算平均处理效应①。处理组（即社会网络强的样本）样本创业的平均处理效应（ATT）估计量的一般表达式为：

$$\hat{ATT} = \frac{1}{N_1}\sum_{i:D_i=1}(y_i - \hat{y}_{0i}) \tag{4-1}$$

其中，$N_1 = \sum_i D_i$ 为处理组个体数，表示社会网络强的农民的个数，而 $\sum_{i:D_i=1}$ 表示仅对处理组个体进行加总。类似地，控制组的每位个体 j 寻找处理组的相应匹配。控制组即社会网络弱的样本组的平均处理效应（ATU）估计量的一般表达

① 平均处理效应主要有两种：一种是整体样本的平均处理效应，另一种是局部的平均处理效应。局部的平均处理效应又包括两种：即对照组的平均处理效应（ATT）和处理组的平均处理效应（ATU）。

式为：

$$A\hat{T}U = \frac{1}{N_0}\sum_{j:D_j=0}(\hat{y_{1j}} - y_j) \tag{4-2}$$

其中，$N_0 = \sum_j (1 - D_j)$ 为控制组个体数，即社会网络较弱的农民的个数，而 $\sum_{j:D_j=0}$ 表示仅对控制组个体进行加总。整个样本的平均处理效应（ATE）估计量的一般表达式为：

$$A\hat{T}E = \frac{1}{N}\sum_{i=1}^{N}(\hat{y_{1i}} - \hat{y_{0i}}) \tag{4-3}$$

其中，$N = N_0 + N_1$ 为样本容量；如果 $D_i = 1$，则 $\hat{y_{1i}} = y_i$；如果 $D_i = 0$，则 $\hat{y_{0i}} = y_i$。如果把社会网络的强弱视为处理因素，那么，导致农民创业的是作为处理因素的社会网络（如春节拜年人数、送礼次数等）还是其他混淆因素（比如受教育水平以及冒险精神等）呢？如果能控制这些混淆因素，就可以评估社会网络对农民创业的影响。倾向值匹配法能够有效减少由于混淆变量引起的选择性误差，能尽量消除模型可能存在的内生性问题，从而能更加合理地探索处理因素对因变量的净效果。其理论依据在于个体 i 的倾向得分为在给定 x_i 的情况下，个体 i 进入处理组的条件概率，即 $p(x_i) \equiv P(D_i = 1 \mid x = x_i)$，简记为 $p(x)$（省略下标 i），如果可忽略性假定成立，则只需在给定 $p(x)$ 的情况下，$(y_{0i},\ y_{1i})$ 就独立于 D_i，即 $(y_0,\ y_1) \perp D \mid x \Rightarrow (y_0, y_1) \perp D \mid P(X)$，为了可以进行匹配，需要在 x 的每个可能取值上都同时存在处理组与控制组的个体。本章把社会网络强的样本作为处理组，把社会网络弱的样本作为控制组，即把社会网络弱的样本假设为“反事实”，进而实证研究社会网络对农民创业的影响。

4.3 数据来源与描述性统计

4.3.1 数据来源

课题组于2017年初在江西省进行了3个月的分层抽样调查。把江西省划分为赣北、赣中和赣南三个区域进行调研，以县为基本单位，在赣北抽取南昌县等13个县（市），在赣中抽取高安县等12个县，在赣南抽取赣县等15个县。每个县中随机选取3个乡镇，每个乡镇中随机选取3个村，每个村中随机选取3位

1980 年以后出生的农民进行调查，对不在家的调查对象进行电话访问或以询问当地村干部和村民等方式完成调研。总共调查了 1080 个样本，其中有效问卷 1028 份。江西省一直是我国最大的劳务输出大省之一，农民在社会网络方面也存在较强的异质性，这些现实特征适合本章内容的研究。

4.3.2 变量分析及描述性统计

第一，创业。本章的创业是指农民从事特色种植养殖业、加工业、小型工矿采掘和加工冶炼企业、餐饮服务业、运输业、经商业、农村旅游业以及创办合作组织或协会。创业界定为创业者在识别创业时机后，为实现创业理念而付诸的任何行动。既包括创业成功的行为，也包括有过创业经历但最后创业失败的情况。把在过去 5 年里有过任何创业经历的样本赋值为 1，反之赋值为 0。

第二，社会网络。尽管社会网络是非常宽泛的概念，理论上很难有一个清晰的界定，实证研究中对社会网络的测度差别甚大（杨汝岱等，2011）。受中国传统文化的影响，在传统节假日互相拜访以及在婚丧嫁娶等红白喜事时赠送礼品（礼金）是维持人们感情的重要途径。因此，借鉴现有众多文献（章元、陆铭，2009；赵剑治、陆铭，2009；马光荣、杨恩艳，2011；杨汝岱等，2011；胡枫、陈玉宇，2012；胡金焱、张博，2014）采用“人情礼支出金额”作为社会网络的代理变量。在用人情礼支出金额衡量社会网络的基础上，借鉴 Granovetter（1982）、Paolillo（2001）和边燕杰、张文宏（2001）等把社会网络按强弱设置成二元离散变量。具体做法是，计算样本人情礼支出金额的平均数，当高于平均数时，我们视为该农民拥有较强的社会网络，反之社会网络较弱。另外，人情礼支出次数能够充分反映人们维持情感的频率，因此，也用次数作为社会网络的代理变量作稳健性检验，来验证基准回归结果的可靠性。然后，借鉴现有大多文献的通常做法，用人情礼支出金额作为社会网络的代理变量，用 Logistic 模型计算社会网络对创业影响的边际效应，进一步进行稳健性检验。

第三，协变量。本章所使用的协变量主要是农民的特征变量，包括信贷约束、居住地与最近银行等金融机构的距离、年龄、婚姻、受教育程度、风险偏好等。理论上讲，这些因素都会影响农民的创业，比如，资金是创业最重要的要素之一，家庭居住地与最近银行等金融机构的距离会影响信贷成本和信贷风险，从而影响创业的初始资金的筹集，进而影响创业。受教育程度会影响创业项目的选择和创业活动的开展，而风险偏好程度会影响创业风险的承受能力。各变量的含义和赋值如表 4－1 所示。

表4-1　变量含义和赋值

变量名称	变量含义和赋值
创业	过去5年有过创业经历，赋值为1，反之为0
社会网络1	每年人情礼支出金额。高于平均数赋值为1，表示强社会网络；反之赋值为0，表示弱社会网络
社会网络2	每年人情礼支出次数。高于平均数赋值为1，表示强社会网络；反之赋值为0，表示弱社会网络
信贷约束	受到信贷约束，赋值为1，反之为0
最小距离	与最近银行、信用社、邮政储蓄等金融机构的距离（公里）
政治参与	家里有成员是村干部、人大代表或政协委员等，赋值为1，反之为0
年龄	岁数
婚姻	已婚赋值为1，反之为0
小学及以下学历	受教育程度是小学及以下赋值为1，反之为0
初中学历	受教育程度是初中赋值为1，反之为0
高中学历	受教育程度是高中赋值为1，反之为0
大专学历	受教育程度是大专赋值为1，反之为0
本科及以上学历	受教育程度是本科及以上赋值为1，反之为0
冒险型	性格特征或风险偏好是冒险型，赋值为1，反之为0
中间型	性格特征或风险偏好是中间型，赋值为1，反之为0
保守型	性格特征或风险偏好是保守型，赋值为1，反之为0
赣北	赣北区域赋值为1，否则为0
赣中	赣中区域赋值为1，否则为0
赣南	赣南区域赋值为1，否则为0

第四，各变量的描述性统计。创业变量的描述性统计。调查样本中，在过去5年里共有399位有过创业经历，约占39%，没有创业经历的共629位，占61%。需要特别说明的是，本章的“创业”既包括了成功的情况，也包括各种失败的情况，只要样本为创业采取过相关活动，都视为创业，这是农民创业的既有特征所决定的。原因在于，随着外出打工年限的增加，农民的创业意愿在不断加强，但往往会因为筹集不到足够资金、劳动力不足或者项目不能通过审批等原因导致没能创办好经营实体，或者创办好了但因为资金周转困难等原因在短时间内就倒闭了。调研发现，这些情况在创业农民群体中是比较普遍的。如果只考虑创业成功或者依然在创业的样本，得到的结论是不符合现实情况的。

社会网络变量的描述性统计。样本每年人情礼支出金额均值为2020.274元，最小值为0，最大值为24000元。高于均值的样本共有607个，均值为3078.5元，低于均值的样本共有421个，均值为494.518元。总体样本的每年人情礼支出次数的均值为7.09次，8次及以上的共有311位，赋值为1，视为拥有强社会网络；7次及以下的共有717位，赋值为0，视为拥有弱社会网络。统计分析说明，创业和没有创业的样本在每年人情礼支出金额和次数上均有较显著的差异。各变量的描述性统计如表4-2所示。

表4-2　变量的描述性统计

变量名称	全部样本				强社会网络组		弱社会网络组	
	均值	标准差	最小值	最大值	均值	标准差	均值	标准差
创业	0.388	0.488	0	1	0.265	0.442	0.561	0.497
社会网络1	2020	2923	0	50000	3079	2169	494	2028
社会网络2	7.092	8.493	0	25	12.40	8.050	6.700	6.949
信贷约束	0.588	0.493	0	1	0.528	0.500	0.671	0.471
最小距离	2.333	1.260	0.1	10	2.287	1.174	2.398	1.370
政治参与	0.452	0.498	0	1	0.498	0.500	0.388	0.488
年龄	30.866	4.103	20	36	30.84	4.184	30.904	3.992
性别	0.927	0.260	0	1	0.930	0.255	0.923	0.267
婚姻	0.636	0.481	0	1	0.645	0.479	0.624	0.485
小学及以下学历	0.086	0.280	0	1	0.087	0.282	0.084	0.278
初中学历	0.548	0.498	0	1	0.535	0.499	0.565	0.496
高中学历	0.268	0.443	0	1	0.272	0.445	0.262	0.440
大专学历	0.075	0.263	0	1	0.082	0.274	0.065	0.248
本科及以上学历	0.011	0.103	0	1	0.015	0.122	0.005	0.068
冒险型	0.227	0.419	0	1	0.207	0.405	0.255	0.436
中间型	0.560	0.497	0	1	0.578	0.494	0.535	0.499
保守型	0.213	0.410	0	1	0.215	0.411	0.210	0.408
赣北	0.340	0.474	0	1	0.327	0.469	0.357	0.480
赣中	0.310	0.463	0	1	0.313	0.464	0.306	0.461
赣南	0.350	0.477	0	1	0.360	0.480	0.336	0.473

注：①全部样本的观察值个数为1028；②因篇幅有限，只报道了全部样本的最小值和最大值。

数据来源：课题组调研整理所得。

4.4　PSM 模型回归结果及分析

4.4.1　基准回归结果及分析

第一，基准回归结果。近邻一对一匹配法在倾向得分匹配法中应用最普遍，因此把该匹配法得到的回归结果作为基准回归结果。表 4－3 上半部分报告了 Logistic 模型的估计结果，其真正作用是计算出社会网络变量的倾向得分值，从而使处理组和对照组样本按得分最接近的原则进行匹配。表 4－3 下半部分中的“Unmatched”项是样本没有进行匹配时得到的回归结果。根据 PSM 方法的理论分析，我们重点关注 ATT（处理组平均处理效应），该回归结果为－0.0725，其对应 T 值为－1.71，在 5% 水平上显著为负，说明相比社会网络弱的农民，社会网络强的农民创业的概率反而低约 7%。如果维持当前农民的社会网络状况不加以改进，其创业比例会下降约 3%（38.8%7% = 0.027），创业比例会从 39% 下降到 36%。

表 4－3　近邻一对一匹配法的估计结果

Logistic regression	Number of obs. = 1028	LR chi2（14） = 14.66
Prob > chi2 = 0.0000	Log likelihood = －688.304	Pseudo R^2 = 0.0105

社会网络	系数	标准差	Z 统计量	P > |z| 值
信贷约束	－0.0515	0.1511	－0.34	0.733
最小距离	－0.0020	0.0529	－0.04	0.970
政治参与	0.2374	0.1457	1.63	0.103
年龄	0.0163	0.0162	1.00	0.315
性别	－0.1187	0.2645	－0.45	0.654
婚姻	0.1482	0.1388	1.07	0.285
小学及以下学历	0.0856	0.2538	0.34	0.736
初中学历	0.1303	0.1492	0.87	0.382
大专学历	0.0068	0.2637	0.03	0.979
本科及以上学历	1.3031	0.8007	1.63	0.104
冒险型	－0.1645	0.1958	－0.84	0.401

续表

社会网络	系数	标准差	Z 统计量	P > |z| 值
中间型	-0.0663	0.1654	-0.40	0.689
赣中	0.2978	0.1649	1.81	0.071
赣南	0.0746	0.1630	0.46	0.647
_cons	-0.3231	0.6110	-0.53	0.597

Variable	Sample	Treated	Controls	Difference	S. E.	T - stat
创业	Unmatched	0.3427	0.4537	-0.1110	0.0307	-3.61
	ATT	0.3444	0.4160	-0.0725	0.0418	-1.71

注：①回归结果的最后一部分显示，在总共 1028 个观测值中，控制组（Untreated）共有 0 个不在共同取值范围中（Off Support），处理组（Treated）共有 6 个不在共同取值范围中，其余 1022 个观测值均在共同取值范围中（On Support）。②由于篇幅及重点关注 ATT，文章未统计 ATU（控制组）和 ATE（总体样本）的系数和标准误，Stata 软件中可使用自助法得到，命令为：bootstrap r（att） r（atu） r（ate），reps（500）。

第二，基准回归结果的平衡性检验。平衡性检验是倾向得分匹配法的一个重要步骤，以检测回归结果是否可靠。匹配前，信贷约束和政治参与等协变量都存在显著差异，匹配后只有一个变量（中间型）的标准化偏差（% bias）为 12.5，其他变量的偏差都大幅度减小且都小于 10%，满足 Marco 和 Sabine（2008）指出的在非实验条件下使用倾向得分匹配法的重要条件：匹配后处理组和对照组的协变量没有显著差异。说明研究选取的变量和方法是合适的。两组样本根据倾向得分进行匹配前和匹配后的平衡性检验结果如表 4－4 所示。

表 4－4 强社会网络和弱社会网络样本组的平衡性检验结果

变量	匹配类型	处理组均值	对照组均值	两组差异 t 统计值	偏误比例（%）	偏误降低比例（%）
信贷约束	匹配前	0.5283	0.671	-4.61	-29.3	98.8
	匹配后	0.5277	0.526	0.06	0.3	
最小距离	匹配前	2.287	2.398	-1.39	-8.7	2.1
	匹配后	2.284	2.176	1.55	8.5	
政治参与	匹配前	0.498	0.388	3.53	22.4	95.4
	匹配后	0.499	0.504	-0.17	-1.0	

续表

变量	匹配类型	处理组均值	对照组均值	两组差异 t 统计值	偏误比例（%）	偏误降低比例（%）
年龄	匹配前	30.838	30.904	-0.25	-1.6	-162.8
	匹配后	30.839	31.012	-0.72	-4.2	
性别	匹配前	0.930	0.923	0.43	2.7	29.0
	匹配后	0.931	0.926	0.34	1.9	
婚姻	匹配前	0.645	0.624	0.69	4.4	-82.6
	匹配后	0.644	0.682	-1.41	-8.0	
小学及以下学历	匹配前	0.0867	0.624	0.14	0.9	-821.1
	匹配后	0.0874	0.682	1.54	8.4	
初中学历	匹配前	0.535	0.565	-0.97	-6.1	-10.5
	匹配后	0.540	0.086	1.16	6.8	
大专学历	匹配前	0.0817	0.065	1.59	6.2	79.3
	匹配后	0.0823	0.008	-0.33	-1.3	
本科及以上学历	匹配前	0.015	0.005	1.59	-11.4	68.5
	匹配后	0.007	0.008	-0.33	-3.6	
冒险型	匹配前	0.207	0.255	-1.81	-6.6	-50.2
	匹配后	0.208	0.224	-0.63	-9.9	
中间型	匹配前	0.578	0.535	1.38	8.7	-43.7
	匹配后	0.580	0.518	2.16	12.5	
赣中	匹配前	0.313	0.306	0.25	1.60	-85.2
	匹配后	0.316	0.329	-0.50	-2.9	
赣南	匹配前	0.360	0.336	0.78	4.9	-28.5
	匹配后	0.358	0.328	1.10	6.3	

第三，基准回归结果的分析。该基准检验回归结果表明，社会网络对农民创业不仅没有促进作用，相反还有抑制作用。或者说，社会网络对农民创业支持显得心长绠短。该结论与绝大多数学者的研究结论是不一样的。前文的平衡性检验结果已经证明了倾向得分匹配法的适用性，而遗漏变量和选择性偏误等是计量方法不能完全克服的，因此，有理由认可该回归结果的可靠性。那么，社会网络抑

制农民创业的机理是怎样的呢？可能的原因[①]在于，在考虑了社会网络可能具有的内生性问题之后，农民的社会网络只有利于他们找到工作（章元、陆铭，2009），并不利于创业。社会网络在农民创业资源获取方面嵌入不足，而在非创业引导方面又嵌入过度。农民群体的社会网络和城镇居民的社会网络是不一样的，这个群体在创业过程中受到的劳动力、资本、信息、技术、土地和管理等基本生产要素的制约程度要严重得多，现有的一些正式制度和非制度安排限制了农民创业所需的资源。在金融制度方面，发展中国家农村信贷市场的效率非常低下，信贷约束程度普遍相当严重（Hamada，2010），数据分析和实证检验均证实我国农户存在信贷约束（王书华等，2014），农户信贷市场正规部门与非正规部门存在互补关系在贷款对象为富裕群体时表现得更加明显（刘西川等，2014）。农民创业要面对信贷资源配置不利的结果，金融约束是影响农民创业的重要因素，在经济欠发达的农村地区，抑制作用更大（张龙耀、张海宁，2013），信贷约束对农村家庭创业选择具有显著负向影响，并且对财富水平较高的家庭影响更大（翁辰、张兵，2015），流动性约束对是否选择创业以及选择何种创业类型具有显著的、一致的阻碍作用（刘杰、郑风田，2011）。当有亲朋好友家庭因为重大事件（如盖房、结婚、小孩读书等）需要借钱时，会进一步加剧其流动性约束，从而抑制创业。在非正式制度方面，农村亲缘、地缘关系和业缘关系的重叠现象使得农村居民的人际关系过于单一，社会人脉资源十分有限（路雅文、张正河，2018），拥有创业意愿并识别创业机会后，一些因素的限制往往会使一些创业者半途而废。若社会网络的嵌入程度适度，则会与当地人信任程度加深，可以使组织更容易获取创业信息和知识（Manev等，2005；杨震宁等，2013），当农民的信息分享和知识程度都集中在打工机会的发掘、识别时，社会网络在非创业方面就表现为嵌入过度，对创业产生了认知偏差，从而降低了创业的可能性。

4.4.2 PSM 其他匹配法的估计结果

倾向得分匹配过程中会剔除一些不相关的样本使得对照组的数量会减少，不同的匹配法（也叫算法）剔除的样本数量不一样，得到的结果就会有所差异，因此，本章在近邻一对一匹配法得到基准结果后，再用一对多匹配法、半径（卡尺）匹配法、核匹配法、局部线性回归法以及马氏匹配法对基准结果进行检验。

① 只有全面揭示农民社会网络状况才能深入分析根本原因，这既是重点，也是难点，视为后续研究。

各回归估计结果得到的平均处理效应（ATT）和基准回归结果是一致性的，社会网络对农民创业具有显著的负向影响，且都在5%的水平内，作用程度在7% ~ 12%，差别不大，与基准回归结果（7%）非常接近。PSM其他匹配法的估计结果如表4-5所示①。

表4-5 PSM其他匹配法的估计结果

匹配方法	变量	样本	处理组	对照组	差异	标准误	T统计量
		匹配前	0.3427	0.4537	-0.1110	0.0307	-3.61
近邻（一对四）匹配法	创业	ATT	0.3456	0.4207	-0.0751	0.0356	-2.11
半径匹配法②	创业	ATT	0.3456	0.4416	-0.0960	0.0331	-2.90
核匹配法	创业	ATT	0.3444	0.4537	-0.1093	0.0257	-4.24
局部线性回归匹配法	创业	ATT	0.3444	0.4642	-0.1198	0.0418	-2.86

4.4.3 马氏匹配法估计结果

匹配本身也有不同的方法，不同的匹配方法可能导致不同的结果。因此，我们再用马氏匹配法进行实证研究。

马氏匹配法的估计结果如表4-6所示。ATT的系数为-0.0832，标准误为-0.0353，T统计量为-2.35，这就表明，处理组的平均处理效应的估计值和显著性与上述各种倾向得分匹配估计方法得到的结果都非常一致。

表4-6 马氏匹配法估计结果

匹配方法	变量	样本	处理组	对照组	差异	标准误	T统计量
马氏匹配法	创业	匹配前	0.3427	0.4537	-0.1110	0.0307	-3.61
		ATT	0.3427	0.4259	-0.0832	0.0353	-2.35

① 鉴于ATT是倾向得分匹配法中最重要的估计结果以及受篇幅所限，其他匹配法得到的结果中只统计ATT。

② 半径设置为0.01。

4.5 稳健性检验

前文以“人情礼支出金额”衡量社会网络，并使用 PSM 匹配法和马氏匹配法实证研究了社会网络对农民创业的影响。本部分先用人情礼支出次数衡量社会网络，对基准回归结果进行稳健性检验，再用工具变量模型进行稳健性检验。另外，鉴于大多学者用人情礼支出金额来衡量社会网络，本书采用该指标来实证研究社会网络对创业影响的 Logistic 模型的边际效应，进行稳健性检验。

4.5.1 稳健性检验一：以“人情礼支出次数”作为社会网络代理变量的 PSM 回归结果

参考目前大多文献按人情礼支出金额衡量社会网络的办法，对基准回归结果进行稳健性检验。总体样本的每年互赠礼品的次数平均为 10.06 次，10 次及以上的共有 600 位，在模型中赋值为 1，视为拥有强社会网络；少于 10 次的共有 428 位，在模型中赋值为 0，视为拥有弱社会网络。以“人情礼支出次数”作为社会网络代理变量的 PSM 模型回归结果如表 4－7 所示。回归结果都在 1% 的水平上显著为负，影响程度（绝对值）在 3% 左右。说明以“人情礼支出次数”作为社会网络的代理变量的 PSM 回归结果和基准回归结果是一致的。

表 4－7　以“人情礼支出金额”作为社会网络代理变量的 PSM 模型回归结果

匹配方法	变量	样本	处理组	对照组	差异	标准误	T 统计量
		匹配前	0.2650	0.5607	−0.2957	0.0294	−10.04
近邻（一对一）匹配法	创业	ATT	0.2655	0.6255	−0.3599	0.0424	−8.49
近邻（一对四）匹配法	创业	ATT	0.2655	0.6140	−0.3485	0.0341	−10.23
半径匹配法	创业	ATT	0.2664	0.6024	−0.3359	0.0317	−10.61
核匹配法	创业	ATT	0.2655	0.5647	−0.2992	0.0249	−10.02
局部线性回归匹配法	创业	ATT	0.2655	0.5895	−0.3240	0.0424	−7.64
马氏匹配法	创业	ATT	0.2650	0.5758	−0.3108	0.0348	−8.92

4.5.2 稳健性检验二：工具变量模型 IV－2SLS 回归结果

前文以人情礼支出金额和次数的二元离散变量衡量社会网络，采用 PSM 方法实证研究了社会网络对创业的影响。为进一步检验回归结果的可靠性，本部分以工具变量模型考察两者关系。工具变量模型是解决内生性的常用方法，参照马光荣、杨恩艳（2011）使用“是否是村里的第一大姓”作为农民社会网络的工具变量，姓氏直接反映了人们的血缘、亲缘和地缘关系，这些关系是农民开展各种重要活动的主要纽带，是构成农民社会网络的重要依据，但是没有证据表明姓氏与创业有直接关系。因此，“是否是村里的第一大姓”满足工具变量相关性和外生性的要求。表 4－8 中模型（1）和模型（2）分别以“是否是村里第一大姓”作为人情礼支出次数和人情礼支出金额的工具变量。两个模型第一阶段“第一大姓”的系数和 t 统计量表明，姓氏与社会网络显著正相关。另外，第一阶段的 F 统计量分别为 16.57 和 13.41，说明该工具变量不是弱工具变量。第二阶段回归结果中社会网络的系数分别是－0.2871 和－0.2677，z 统计量分别为－3.37和－2.65，这就表明，农民社会网络对创业有显著负向影响，其含义是，相对社会网络弱的农民，拥有强社会网络的农民的创业概率反而要低约 30%。这一结果与基准回归结果也是一致的。

4.5.3 稳健性检验三：用人情礼支出金额衡量社会网络的 Logistic 模型边际效应回归结果

本部分借鉴相关文献（章元、陆铭，2009；赵剑治、陆铭，2009；马光荣、杨恩艳，2011；杨汝岱等，2011；胡枫、陈玉宇，2012；胡金焱、张博，2014），采用“人情礼支出金额”衡量社会网络。人情礼支出金额均值为 2020 元，因此用该值除以 100①，考察农民每年人情礼支出金额每增加 100 元对创业的影响。用 Logistic 模型进行回归，并计算其边际效应。实证结果如表 4－9 所示。模型（1）为控制了社会网络、信贷约束、最小距离和政治参与这四个关键变量的边际效应，模型（2）增加了人口特征变量，模型（3）控制了地区变量。三个模型的估计结果表明，社会网络变量在 10% 水平上对农民创业有显著负向影响，农民每年人情礼支出金额每增加 100 元，其创业概率要低约 1.2%。这一结果进一步检验了社会网络抑制了样本地区农民创业。

① 如果不除以 100，边际效应回归模型中的社会网络变量的系数是－0.0000122，标准差是 6.86e－06，p 值为 0.075，说明这样处理后，社会网络对农民创业的影响是一样的，只是解释方法不同。

表4－8　社会网络对农民创业的IV－2sls估计结果

工具变量模型（1）			工具变量模型（2）		
第一阶段回归结果					
因变量：社会网络（人情礼支出次数）	系数	t统计量	因变量：社会网络（人情礼支出金额对数）	系数	t统计量
第一大姓	0.3378	11.58	第一大姓	0.3394	4.97
信贷约束	－0.1180	－3.60	信贷约束	0.0711	0.90
政治参与	0.0442	1.35	政治参与	0.1593	2.05
是否控制个人特征变量	是		是否控制个人特征变量	是	
是否控制地区变量	是		是否控制地区变量	是	
第二阶段工具变量回归结果					
因变量：创业	系数	z统计量	因变量：创业	系数	z统计量
社会网络（人情礼支出次数）	－0.2871	－3.37	社会网络（人情礼支出金额对数）	－0.2677	－2.65
信贷约束	－0.1685	－5.02	信贷约束	－0.1135	－2.90
政治参与	－0.0594	－1.84	政治参与	－0.0274	－0.66
是否控制个人特征变量	是		是否控制个人特征变量	是	
是否控制地区变量	是		是否控制地区变量	是	

注：①模型（1）第一阶段的回归结果为：Number of obs. ＝1028，F(12，1015)＝16.57，Prob. ＞F＝0.0000，R－squared＝0.1474；模型（2）第一阶段的回归结果为：Number of obs. ＝998，F(12，985)＝13.41，Prob. ＞F＝0.0001，R－squared＝0.1209。②模型中的个人特征变量为年龄、性别、婚姻、受教育程度及性格特征。

表4－9　社会网络对农民创业的Logistic模型边际效应回归结果

解释变量	被解释变量：创业		
	模型（1）	模型（2）	模型（3）
社会网络	－0.0124* (0.0069)	－0.0123* (0.0069)	－0.0124* (0.0068)
信贷约束	－0.1047*** (0.0344)	－0.1052*** (0.0344)	－0.1042*** (0.0345)
最小距离	－0.0465*** (0.0128)	－0.0442*** (0.0127)	－0.0445*** (0.0129)

续表

解释变量	被解释变量：创业		
	模型（1）	模型（2）	模型（3）
政治参与	0.0742** (0.0339)	0.0776** (0.0339)	0.0772** (0.0340)
是否控制个人特征变量	否	是	是
是否控制地区变量	否	否	是
Average marginal effects	Number of obs. =1028		Model VCE：OIM

注：①***、**和*分别代表在1%、5%和10%的水平上显著，括号内为系数估计值的标准误；②模型中的个人特征变量为年龄、性别、婚姻、受教育程度及性格特征。

4.6 研究结论与政策建议

本章以江西省1028位农民的调研数据为样本，采用倾向得分匹配法实证检验了社会网络对创业的影响。近邻一对一匹配法的研究结果表明，社会网络对农民创业有显著负向影响：与那些社会网络弱的农民相比，拥有强社会网络的农民创业概率要低7%，如果不改善农民当前的社会网络状况，样本地区农民创业比例将下降约3%。说明社会网络对样本地区农民的创业支持显得心长绠短，主要原因在于，社会网络在农民创业资源获取方面嵌入不足，而在非创业的引导方面又嵌入过度，导致社会网络对创业的负外部性大于正外部性。近邻一对多匹配法、半径匹配法、核匹配法和局部线性回归匹配法以及马氏匹配法的回归结果是一致的，以“是不是村里第一大姓”作为社会网络的代理变量进行工具变量模型回归得到的结果以及用每年人情礼支出金额作为社会网络代理变量得到的Logistic模型的边际效应结果也支持这一结论。

本章研究结果表明，在“大众创业、万众创新”政策以及农业供给侧结构性改革的背景下，我们需要重新审视农民的社会网络状况及其对创业的影响。为此，本章提出以下政策建议：第一，充分拓展农民的有效社会网络。需要重视其社会网络的开发、利用和管理。尽可能为他们开办各种教育培训，积极举办地方商会、人才交流会等社团活动，让他们有机会了解不同的社会群体，拓展更积极更有效的社会网络。第二，努力增加社会网络在农民创业资源方面的有效嵌入。

积极引导社会网络在信息分享、人才聚集以及组织建设对创业的指导作用，弥补在创业过程中受到的信贷支持、人力资本、信息资本等要素的限制。第三，积极调节社会网络的负外部性及其对创业的影响。社会网络可能阻碍了劳动力的最优配置，劳资双方的信任机制、规范机制、监督机制等存在很大的漏洞，需要人情网络或强关系来补充（边燕杰、张文宏，2001），拥有较多个体性社会网络会降低农户的还款意愿，降低履约率，增强信贷风险（李庆海等，2018），需要减少过度信任、非理性承诺、关系过度紧密、过度自信、控制错觉和行为约束等对创业的抑制性作用，避免创业认知偏差（杨震宁等，2013）。虽然社会网络对创业具有资金筹集、共享信息和分担风险等方面的正外部性，但是，社会网络对农民的创业也产生了资金分流、信息分散和增加风险等方面的负外部性。因此，衡量社会网络对创业的影响需要综合考虑其外部性，应充分发挥正外部性，努力减少负外部性影响，促进农民创业。

第5章　信贷约束和社会网络的交互作用对农民创业的影响

5.1　引言

创业对任何国家和地区的经济增长都极为重要。一个国家或地区拥有的企业家数量越多，创业活动越活跃，经济增长率就越高（Freire - Gibb 和 Nielsen, 2014；David B. 等，2012；Yuko，2009）。在中国农村地区，创业是农民从小规模农业生产、纯农业生产逐步转向适度规模农业生产、非农生产分化的重要路径，被认为是中国农村经济转型和增长过程中的重要引擎（卢亚娟等，2014）。创业是农民就业的重要内容，也是促进农民增收的重要途径。

我国农民的创业实践迫切需要加强。虽然我国农民创业取得了一定的成绩，但是，农民创业的发展状况依然不容乐观，针对农民创业的理论研究还需要加强。随着国家制度改革的不断深入，我国仍将产生大量的"剩余劳动力"，大约有2.05亿农业劳动力需要向外转出，"刘易斯拐点"将真正到来（盖庆恩等，2014），年龄在30岁以下的农民工创业人数（1286万）仅占全国农民工总量的4.89%（张广胜、柳延恒，2014）。农民的要素配置扭曲是比较严重的，而非农就业机会的增加可以改善农民的劳动配置效率（朱喜等，2011）。在理论研究方面，2008年以后我国一些学者才开始研究农民创业，针对农民创业方面的研究是在2010年之后。可能的原因在于，城市具有更高的经济增长及发展潜力，并受本土化、城市化观念及业界精英思想的影响，大多学者都认为，创业是一种城市现象，把研究区域聚焦在城市地区（Mossig，2011；Glaeser等，2010）。因此，本章关注农民创业。科学引导那些在务工过程中掌握了技术、积累了资金、能够识别商业机会、有意愿创业的农民积极创业，是引导农村劳动力有序转移、促进人口城镇化的重要环节，是农村产业兴旺的有力保障。

本章的边际贡献主要表现在两个方面。其一，现有的大多有关创业的文献都集中在创业机会识别、创业意愿及创业绩效等领域，但是，创业机会识别产生创业意愿后，其创业项目需要真正实施，之后才会有经营及绩效。在现实生活中，往往在识别创业机会后会因资金短缺等原因导致创业活动无法真正实施。因此，既要关注创业前期的意愿和创业后的绩效，也要关注创业机会识别后是否有具体的创业行为。其二，现有创业的文献中，大多从个人特征、经济发展水平及政策环境等方面考察创业的影响因素，绝大多数文献考察单个变量对创业的影响，而影响创业的因素是非常复杂的，各个因素对创业的影响并不是独立的，其中的某个因素会通过另一个因素共同对创业产生影响。因此，本章考察信贷约束和社会网络及其交互作用对农民创业的影响，并揭示其作用机理，为我国乡村振兴战略的实施提供一个新的视角。

5.2 文献综述与研究假设

Krueger 等（2000）的创业理论揭示了创业需要特定的环境，包括必要性环境（自然环境、技术环境、融资环境和人才环境）和支持性环境（制度环境、文化环境和社会资本），但各种因素对创业的作用程度又有不同。

首先，资金约束是抑制个人实现创业转换的重要障碍（程郁、罗丹，2009）。农民由于资金积累过程相对较短，又面临居家安排、子女教育以及赡养老人等重大责任，创业过程所需的资金约束更加普遍和严重。这个观点得到普遍验证：中国受到正规信贷约束的农户超过 32%（程郁、罗丹，2009），农户借贷型价格配给和未借贷型价格配给的百分比分别为 7.93% 和 45.73%，加起来超过总样本的 50%（刘西川、程恩江，2009），样本中 64.5% 的农户受到正规信贷约束（李庆海等，2012）。更早一些的研究同样支持这个观点，如陈锡文（2004）的研究表明，我国共有 2.4 亿位新生代农民工，从金融机构得到贷款的新生代农民工的比例大约为 15%，85% 左右的新生代农民工都是通过民间借贷解决资金短缺问题。因此，金融机构要加大对新生代农民工小额信贷的帮扶力度（张广胜、柳延恒，

2014）。无论谁创业，无论哪一种类型的创业，都需要资金支持，而农民自身经济实力相对较弱，在创业过程中更需要资金支持。受这些文献的启示，本章先提出第一个研究假设：

假设1：信贷约束会抑制农民创业。

其次，社会网络的影响非常广泛和深远，它可能是农民创业过程中最重要的战略资源（Freire – Gibb 和 Nielsen，2014）。社会网络是以各种连接或相互作用的模式而存在的一组人或群体，一个由一组代表社会成员（如人、组织）的节点和表示节点间关系的边或连线构成的社会结构（张树森等，2017）。国内外大多学者都从组织学的角度分析过社会资本（社会网络）对农民创业的重要作用（Freire – Gibb 和 Nielsen，2014；Meek 等，2010；庄晋财等，2014；蒋剑勇等，2014；郭红东、丁高洁，2012；高静、张应良，2013；朱红根、康兰媛，2013）。人力资本和社会资本直接影响农民的创业意愿和创业行为，在社会资本中，同质性社会网络更有利于农民的创业（汪三贵等，2010），相对于城市，农村地区拥有的支持性金融机构较少，但拥有较强的社会联系，农村地区的社会网络特别重要，拥有更多社会网络的农民，会有更多的民间借贷渠道，从而更有可能创办自营工商业（马光荣、杨恩艳，2011）。但是，Krueger 等（2000）基于意图的视角测试了社会网络对创业意图的影响，并没有发现这种关系的证据。因此，得到本章的第二个研究假设：

假设2：社会网络能促进农民创业。

最后，在农民的创业过程中，社会网络和信贷约束的作用并不是各自独立的。在创业资金不足时，受到正规信贷约束的农民可能会通过亲朋好友的帮助来解决资金短缺问题，这是因为社会网络可以缓解信息不对称问题，从而促进民间借贷，依托亲友关系的非正规金融弥补了农村正规金融发展滞后的缺陷（马光荣、杨恩艳，2011）。与非正规渠道借贷行为相比，社会网络似乎对正规金融机构借贷行为的影响更大（胡枫、陈玉宇，2012）。因此，本章设置信贷约束和社会网络的交互项，把没有受到信贷约束的农民这个变量赋值为1，反之为0。把社会网络设置为二元离散变量，社会网络强时赋值为1，反之为0。检验农民创业过程中当没有受到信贷约束并拥有强社会网络时的创业状况，并提出本章的第三个研究假设：

假设3：拥有强社会网络和没有受到信贷约束的农民创业概率更大。

5.3 数据来源和变量描述性统计

5.3.1 数据来源

本章研究所使用的数据来自课题组于 2017 年 1 ~ 3 月在江西省进行的抽样调查。调查内容包括农民的个体特征（包括性别、年龄、文化程度、婚姻状况、风险偏好等）、家庭特征（包括家庭人口数、家庭收入等），创业资源包括经济资源、物质资源、技术资源、组织资源、人才资源以及社会资源，注重调研了农民的经济资源（自有资金、银行信贷和民间借贷的可获得性）和社会网络资源（个人网络和市场网络），农民创业过程中包括创业初建立新企业时的创业选择（时机选择、地点选择和行业选择）、创业环境以及创办企业（或经营实体）的经营绩效等。采取随机抽样的方法进行数据采集。将江西省划分为赣北、赣中和赣南三个区域，以县为基本单位，在赣北区域抽取南昌县和都昌县等 13 个县（市），在赣中区域抽取分宜县和安福县等 12 个县，在赣南区域抽取赣县和信丰县等 15 个县。每个县随机选取 3 个乡镇，每个乡镇随机选取 3 个村，每个村随机选取 3 位 1980 年以后出生的农民进行调查，对不在家的农民进行电话采访以及询问当地村干部等方式完成信息采集，总共调研 1080 个样本，实际完成 1074 份，其中有效问卷 1028 份。

5.3.2 变量分析及描述性统计

第一，信贷约束。信贷约束概念的界定。现阶段农民的融资渠道主要是向金融机构贷款和向亲朋好友借贷。因此，信贷约束主要是指正规信贷约束和非正规信贷约束。本章的信贷约束指正规信贷约束，即不包含是否从亲朋好友那里获得借贷资金的情况。本章的信贷约束不仅包括显性信贷约束，还包括隐性信贷约束。显性信贷约束是指有金融需求但没有从正规金融部门获得贷款或所获得的贷款金额小于申请金额；隐性信贷约束是指有信贷需求但因担心没有关系或手续繁琐等没有向银行申请贷款的情况。

信贷约束的甄别。参照 Boucher 等（2009）、刘西川和程恩江（2009）、马九杰和吴本健（2012）、程郁和罗丹（2009）等调研询问方法甄别农民在过去 5 年是否受到信贷约束。课题组对问卷的问题进行了精心的设计，诱导农民透露出对银行及其产品和服务的真实需求，从农民对金融机构及其产品和服务的主观认识判断农民借贷行为的选择，重新制定了农民是否受到信贷约束的甄别方式。根据调研结果对农民的信贷约束状况进行甄别，设置成二元离散变量，即没有受到信贷约束赋值为1，受到信贷约束时赋值为0。本次调研的农民的信贷约束状况如表5-1所示：

表5-1 农民信贷约束状况 单位：位

区域	信贷约束			无信贷约束		总计
	部分数量约束	完全数量约束	成本及风险约束	得到所需贷款	无贷款意愿	
赣北	53	35	124	91	46	349
赣中	49	27	102	88	53	319
赣南	54	37	123	84	62	360
总计	156 (15.18%)	99 (9.63%)	349 (33.95%)	263 (25.58%)	161 (15.66%)	1028 (100%)
	604 (59%)			424 (41%)		

数据来源：课题组调研整理所得。

第二，社会网络。社会网络的衡量办法。本章把社会网络界定为社会资本三大要素（关系、信任和规范）中的关系。农民的社会关系主要表现在节假日、生日或者婚丧嫁娶时互赠礼品，这是农村社会维持关系的重要手段。创业者的社会网络与创业绩效正相关，关系网络中的强弱关系到创业者识别创业机会和获得创业资源（郭红东、丁高洁，2013），Freire - Gibb 和 Nielsen（2014）也用强弱关系分别考查了丹麦的城市和农村地区人们的社会网络。因此，参照庄晋财等（2014）用“与亲朋好友保持密切的联系、与老乡保持密切的联系、与务工时期的工友保持密切的联系”、吴本健等（2014）用“合得来的朋友数、春节拜年人数、集市距离”、朱红根（2012）用“话费支出、常联系朋友个数以及可借款人数”以及马光荣、杨恩艳（2011）用“与亲友间的礼品往来数额”等考察社会网络的代理变量的方法，在问卷中设置的问题为“去年送给亲友的和收到的礼品金额和次数”，用“人情礼支出金额”“收到人情礼金额”“人情礼支出次数”和“人情礼收取次数”作为社会网络的衡量指标。如表5-2所示，创业和没有创业农民的社会网络状况无论从金额和次数来看，都有非常显著的差异。在礼品支出的次数方面，表现更加明显。因此，本章用“礼品支出的次数”作为社会网络的代理变量，原因在于礼品支出是农民为发展自己的社会网络而主动做出的投资，比礼品收入更能反映农民对社会网络的依赖。样本中礼品支出的平均次数是7.09次，样本中礼品支出次数8次及以上的农民共有311位，在模型中设置为1，表示拥有强社会网络。7次及以下表示弱社会网络，用0表示，样本中共717位农民。

表5-2　以人情礼支出/收取的金额及次数衡量的社会网络状况

社会网络	创业者	非创业者
人情礼支出金额平均数（元）	2756.43	2153.14
收到礼金金额平均数（元）	1742.37	1706.94
人情礼支出次数平均数（次）	10.04	5.20
收取礼金的平均数（次）	3.26	3.16
样本观察值	399	629

第三，创业。本书将农民界定为出生在20世纪八九十年代的进城务工人员。创业主要指农民从事特色种植养殖业、加工业、小型工矿企业、餐饮服务业、运输业、经商、农村旅游业及创办合作组织或协会的行为。考察农民过去5年中是否创业，即是否有过创业的经历，既包括创业成功的经历，也包括创业失败的经历。样本中，共有399位农民有过创业经历，占39%，没有创业经历的共629位，占61%。

各变量的定义和描述性统计见表5-3。

表5-3　变量的描述性统计

变量名	定义及赋值	样本数	均值	标准差	最小值	最大值
创业	有创业经历赋值为1，反之为0	1028	0.3881	0.4876	0	1
信贷约束	无信贷约束赋值为1，反之为0	1028	0.4125	0.4925	0	1
社会网络	社会网络强赋值为1，反之为0	1028	0.5837	0.4932	0	1
信贷约束×社会网络	交互项	1028	0.2753	0.4469	0	1
年龄	农民年龄（岁）	1028	30.8658	4.1033	20	36
性别	男性赋值为1，反之为0	1028	0.7636	0.4251	0	1
婚姻	已婚赋值为1，反之为0	1028	0.6358	0.2787	0	1

续表

变量名	定义及赋值	样本数	均值	标准差	最小值	最大值
小学及以下学历	农民的受教育程度是小学及以下学历赋值为1，反之为0	1028	0.0856	0.2799	0	1
初中学历	初中学历赋值为1，反之为0	1028	0.5477	0.4980	0	1
高中学历	高中学历赋值为1，反之为0	1028	0.2675	0.4429	0	1
大专学历	大专学历赋值为1，反之为0	1028	0.0749	0.2634	0	1
本科及以上学历	本科及以上学历赋值为1，反之为0	1028	0.0101	0.1029	0	1
冒险型	冒险型性格赋值为1，反之为0	1028	0.2267	0.4189	0	1
中间型	中间型性格赋值为1，反之为0	1028	0.5603	0.4966	0	1
保守型	保守型性格赋值为1，反之为0	1028	0.2130	0.4097	0	1
最小距离	居住地与最近银行的距离（公里）	1028	2.3328	1.2600	0.1	10
政治参与	有成员为村干部、人大代表等赋值为1，反之为0	1028	0.4523	0.4979	0	1
赣北	赣北区域为1，反之为0	1028	0.3395	0.4738	0	1
赣中	赣中区域为1，反之为0	1028	0.3103	0.4628	0	1
赣南	赣南区域为1，反之为0	1028	0.3502	0.4773	0	1

5.4 计量模型和估计结果

5.4.1 模型设定

为检验假设1和假设2，选择Logistic模型来实证检验信贷约束与农民创业之间的关系：

$$p(y_i = 1 \mid X_i) = F(\beta_0 + \beta_1 w_i + \beta_2 l_i + \sum_{k=2}^{K} \beta_k z_{ki}) \tag{5-1}$$

其中，y 为被解释变量，表示农民是否创业。X 为解释变量，$F(\cdot)$ 为标准正态分布函数，w 表示农民的资金状况，l 表示农民的社会网络状况，z_{ki} 代表农民的一系列其他变量，β_1、β_2 和 β_k 分别为影响农民创业的特征变量的系数，$k=2, 3, \cdots, K$。

式（5－1）暗含了一个假设，即两个关键变量对被解释变量的影响是独立的，互不干扰。但是当一个解释变量对被解释变量的作用还同时受到其他某个解释变量的共同影响时，模型中应该基于这两个解释变量引入交互项。农民创业不仅受信贷约束的影响，还受社会网络的影响，且信贷约束又会通过社会网络一起共同对农民创业产生影响。因此，本章不仅要关注信贷约束和社会网络各自对农民创业的影响，还重点关注信贷约束和社会网络的交互作用对农民创业的影响，因此式（5－1）可改写为：

$$p(y_i = 1 \mid X_i) = F(\beta_0 + \beta_1 w_i + \beta_2 l_i + \beta_3 w_i l_i + \sum_{k=2}^{K} \beta_k z_{ki}) \qquad (5-2)$$

其中的核心变量是农民创业过程中信贷约束和社会网络的交互项 $w_i l_i$，系数 β_3 描述两者的交互作用对农民创业的作用方向和作用程度。

5.4.2　估计结果

根据样本数据，运用 Stata14.0 软件进行回归分析，回归结果如表 5－4 所示。模型（1）到模型（4）分别为加入了相关控制变量后的回归结果，结果显示，不管控制住哪些变量，信贷约束变量的回归结果都显著为正，社会网络变量的回归结果都显著为负，信贷约束和社会网络交互项对农民的创业有显著负向影响。因为回归（4）控制了较多和创业相关的变量且模型的拟合度最高，本章以回归（4）对回归结果进行解读和分析。

信贷约束估计结果的解读与分析。回归结果列出了信贷约束对农民创业的影响，信贷约束变量的系数为正且在 1% 的水平上显著。因为模型赋值时把“没有受到信贷约束”设置为 1，“受到约束”赋值为 0，所以，回归结果的系数显著为正表明：相对于受到信贷约束的情况，没有受到信贷约束农民的创业概率要更高。这一研究结果与张龙耀等（2013）、朱红根和康兰媛（2010）等的结论[①]是一致的。本章的第一个假说得到了验证。主要原因在于，农民识别了创业机会并且有创业意愿时，银行的信贷支持能够满足创业所需的初始资金需求，也能满足扩大经营规模的需要，从而促进农民创业。

社会网络变量估计结果的解读和分析。在回归结果中，社会网络变量的系数为－1.423，在 1% 水平上显著，这就表明，相对于拥有弱社会网络的农民，拥有

① 吴本健等（2014）的研究结论是“社会资本有资金约束缓解效应。社会网络越丰富，农户所面临的信贷约束越弱，其融资能力越强，农户创办自营工商业的可能性越大”。张龙耀等（2013）的研究结论是“家庭财富水平越高的家庭选择创业的概率也越高”。

强社会网络的农民创业概率反而更低。本章的第二个假设没有得到验证，这一结果与 Krueger 等（2000）的研究结论是一致的，但与国内绝大多数学者如张博等（2015）、吴本健等（2014）、蒋剑勇等（2014）、马光荣和杨恩艳（2011）、汪三贵等（2010）等的研究结果是不一致的[①]。可能的原因在于，当前农民的社会网络不利于他们创业资源的获取。农民利用社会网络只有利于他们找到工作（章元、陆铭，2009），并不利于创业。首先，强社会网络对创业产生资金的“分散效应”。在当今农村的熟人社会中，社会网络越强，创业过程中可能从亲朋好友那里获得资金支持会更多。但是，拥有强社会网络的农民借钱给亲朋好友的金额和次数往往都更多[②]，创业初期及扩大规模急需资金时这些钱未必能及时还上，这就会抑制农民创业。其次，强社会网络对创业产生信息的“分流效应”。当农民的信息分享集中在打工机会的发掘、识别并最终选择打工时，创业方面的信息分享功能没有充分发挥，其创业的可能性就会降低。最后，强社会网络对创业产生有限的示范效应。当农民创业获得较好效益时，其他人就会效仿，同质性强的创业机会虽然准入门槛低，但效益有限。异质性强的创业项目的要求较高，往往会“知难而退”，创业活动难以实现。

交互项回归结果的解读和分析。信贷约束和社会网络的交互项的回归系数也在1%的统计水平上显著为负。这一结果表明，没有受到信贷约束并且拥有强社会网络的农民的创业概率反而更低。本章的第三个假设没有通过检验。该回归系数显著为负表明，信贷约束对创业的作用还取决于农民的社会网络状况，无信贷约束并且有强社会网络的农民创业概率反而会更低。可能的理由在于，一方面，拥有强社会网络的农民创业贷款的风险可能相对更大。创业过程中需要向银行申请贷款时，会因为无抵押无担保或因为创业项目无法通过相应的风险评估等原因遭遇信贷约束而无法创业。特别地，当创业失败时，该贷款的风险进一步增大，这会增加农民信贷约束的概率，从而抑制创业。另一方面，社会网络促成的信贷资金流向非创业领域的概率有可能增大。拥有强社会网络的农民就算能够向银行等金融机构获得贷款，但贷款的用途未必就用于创业。农民向银行申请贷款的用途很多，如盖房、看病、子女上学以及消费等，这些贷款会对农民因创业而申请贷款时产生“挤出效应”。

---

① 马光荣、杨恩艳（2011）的研究结论是“拥有更多社会网络的农民，会有更多的民间借贷渠道，从而更有可能创办自营工商业，另外，社会网络可以促进缓解信息不对称，从而促进民间借贷”。张博等（2015）认为社会网络具有信息和知识分享功能，能够帮助创业者获取丰富的信息，从而准确认识和把握市场动态，对创业产生积极影响。

② 如亲朋好友家有喜事时必须支付的份子钱，创业前把钱借给他人买房等。

控制变量的解读和分析。受教育程度、居住地与银行的最小距离和政治参与变量的回归结果都与农民创业有显著影响。就“受教育程度”而言，相对于高中学历，初中学历和大专学历的农民的创业概率要显著增大，但低学历和高学历对农民的创业有正向影响，但影响并不显著。可能的原因在于，中等学历的农民有一定的知识水平，对创业机会的识别能力相对更强。学历相对较低的农民学习能力稍弱，承担风险的意识和能力相对较低，选择外出打工的概率相对更高。而高学历农民的工资较高且相对稳定，创业意愿相对更低。“居住地与银行的最小距离”的估计系数在1%的统计水平上有显著负向影响。可能在于这部分农民因为居住地距离银行所在的乡镇中心地较远，受思想观念、性格特征以及信息来源等方面的限制，创业的概率就相对更低。“政治参与”对农民的创业也有显著负向影响。可能的解释是，如果农民家中有成员为村干部或在政府机关任职，就业渠道相对更广，获取相对稳定、工资较高以及风险较小的工作的概率更大，从而降低了创业概率。

表5-4 信贷约束、社会网络及其交互作用对农民创业的Logit模型回归估计结果

解释变量	被解释变量：创业			
	模型（1）	模型（2）	模型（3）	模型（4）
信贷约束	0.9889*** (0.2210)	0.9853*** (0.2228)	0.9676*** (0.2390)	0.9715*** (0.2393)
社会网络	-1.1982*** (0.1797)	-1.2025*** (0.1814)	-1.242*** (0.1835)	-1.243*** (0.1848)
信贷约束×社会网络	-0.5073*** (0.2891)	0.5073*** (0.2908)	-0.4533*** (0.2935)	-0.4506*** (0.2959)
年龄	—	-0.0043 (0.0174)	-0.0043 (0.0175)	-0.0043 (0.0175)
性别	—	-0.0934 (0.1624)	-0.1241 (0.1641)	-0.1258 (0.1663)
婚姻	—	0.1214 (0.1493)	0.1190 (0.1509)	0.1211 (0.1512)
小学及以下学历	—	0.2808 (0.2689)	0.2620 (0.2709)	0.2688 (0.2728)
初中学历	—	0.3383** (0.1617)	0.3290** (0.1635)	0.3249** (0.1639)

续表

解释变量	被解释变量：创业			
	模型（1）	模型（2）	模型（3）	模型（4）
大专学历	—	0.4989 * （0.2819）	0.5426 * （0.2837）	0.5348 * （0.2847）
本科及以上学历	—	-0.3749 （0.8211）	-0.3249 （0.8227）	-0.3345 （0.8229）
冒险型个性	—	0.2715 （0.2081）	0.2522 （0.2094）	0.2578 （0.2102）
中间型个性	—	0.1265 （0.1779）	0.1044 （0.1796）	0.1036 （0.1796）
最小距离	—	—	-0.2155 *** （0.0596）	-0.2129 *** （0.0601）
政治参与	—	—	-0.3067 * （0.1586）	-0.3088 * （0.1591）
赣南	—	—	—	0.0594 （0.1745）
赣北	—	—	—	0.0162 （0.1765）
_cons	-0.06277 *** （0.1181）	-0.3127 *** （0.5873）	0.3779 （0.6165）	0.3477 （0.6303）
Pseudo R^2	0.0876	0.0941	0.1063	0.1064
样本量	1028	1028	1028	1028

注：*、** 和 *** 分别表示在10%、5%和1%统计水平上显著，括号内为系数估计值的标准误。

虽然Probit/Logit模型回归结果的符号和统计显著性并不难解释，但影响大小很难解释①。更好的解释方法是计算各变量的边际效应，常用的边际效应包括平均边际效应、样本均值处的边际效应和在某处的边际效应，这三种边际效应的计算结果可能有较大差异。对于政策分析而言，使用样本均值处的边际效应通常更有意义②。因此，本章使用平均边际效应来衡量各个解释变量对农民创业的作用程度。表5-5统计了信贷约束和社会网络对农民创业的边际效应回归结果，

① 詹姆斯·H. 斯托克，马克·W. 沃森. 计量经济学（第三版）[M]. 上海：格致出版社，2014.
② 陈强. 高级计量经济学及Stata应用（第二版）[M]. 北京：高等教育出版社，2014.

但"包含交互项时，原变量的参数解释需慎重对待①"，因为构造了交互项后，信贷约束和社会网络的系数是指另一个变量为零时该变量对因变量的偏效应，这通常没有什么意义。因此，要在构造交互项之前，先从变量中减去其均值（通常是样本均值），则原始变量的系数便具有有用的解释（伍德里奇，2010）②。

首先计算信贷约束对农民创业的边际效应。从表5－3中可知，样本中社会网络的均值是0.5837。表5－5中模型（4）估计结果中，信贷约束变量的系数是0.1989。所以在社会网络的平均值上，信贷约束对创业的影响程度是0.1989－0.0922×0.5837≈0.15。因为把无信贷约束赋值为1，有信贷约束赋值为0，因此，该数据意味着，相比受到信贷约束时，没有受到信贷约束的农民创业概率要高约15%。

社会网络对农民创业的边际效应。同理，从表5－3中可知，样本中信贷约束的均值是0.4125，所以在信贷约束的平均值上，社会网络对创业的影响是－0.2545－0.0922×0.4125≈－0.29，说明相比社会网络弱的农民，社会网络较强的农民创业概率要低约29%。

表5－5　信贷约束和社会网络对农民创业的边际效应回归估计结果

解释变量	被解释变量：创业			
	回归（1）	回归（2）	回归（3）	回归（4）
信贷约束	0.2077*** （0.0447）	0.2051*** （0.0447）	0.1981*** （0.0475）	0.1989*** （0.0475）
社会网络	－0.2516*** （0.0603）	－0.2503*** （0.0348）	－0.2542*** （0.0345）	－0.2545*** （0.0348）
信贷约束×社会网络	－0.1065*** （0.0603）	－0.1056*** （0.0601）	－0.0928* （0.0598）	－0.0922* （0.0603）
年龄	—	－0.0009 （0.0036）	－0.0009 （0.0036）	－0.0009 （0.0036）
性别	—	－0.0945 （0.0338）	－0.0254 （0.0336）	－0.0258 （0.0340）

① 杰弗里·M. 伍德里奇. 计量经济学导论（第四版）[M]. 北京：中国人民大学出版社，2010.

② 根据模型（5－2），分别对信贷约束和社会网络求偏导，再代入社会网络和信贷约束的平均数，得到信贷约束对农民创业的边际效应是$\frac{\partial p}{\partial w}=\beta_1+\beta_3\overline{l}$；社会网络对农民创业的边际效应为$\frac{\partial p}{\partial l}=\beta_2+\beta_3\overline{w}$。

续表

解释变量	被解释变量：创业			
	回归（1）	回归（2）	回归（3）	回归（4）
婚姻	—	0.0253 （0.0311）	0.0244 （0.0308）	0.0248 （0.0309）
小学及以下学历	—	0.0585 （0.0559）	0.0536 （0.0554）	0.0550 （0.0557）
初中学历	—	0.0704** （0.0334）	0.0674** （0.0333）	0.0665** （0.0333）
大专学历	—	0.1039* （0.0584）	0.1111* （0.0577）	0.1095* （0.0579）
本科及以上学历	—	-0.0781 （0.1709）	-0.0665 （0.1684）	-0.0685 （0.1684）
冒险型个性	—	0.0565 （0.0432）	0.0516 （0.0428）	0.0528 （0.0429）
中间型个性	—	0.0263 （0.0370）	0.0214 （0.0367）	0.0212 （0.0367）
最小距离	—	—	-0.0441*** （0.0119）	-0.0436*** （0.0120）
政治参与	—	—	-0.0628** （0.0323）	-0.0632** （0.0324）
赣南	—	—	—	0.0122 （0.0357）
赣北	—	—	—	0.0033 （0.0361）
Average marginal effects	Number of obs = 1028		Model VCE：OIM	

注：***、**和*分别表示在1%、5%和10%的统计水平上显著，括号内为系数估计值的标准误。

信贷约束和社会网络的交互作用对农民创业的边际效应。由模型（5-2）可得，交互项的系数 β_3 就是边际效应值，因此，-0.0922表明，相比其他情况，当农民在没有受到信贷约束且拥有较强的社会网络时，其创业概率要下降约9%。交互作用的边际效应比社会网络的边际效应值要低很多，说明没有信贷约束时能够缓解强社会网络对农民创业的抑制作用，从另一个角度论证了信贷支持对创业的促进作用。

5.4.3 稳健性检验

前文用农民“礼品支出的次数”作为社会网络的代理变量，考察了信贷约束和社会网络及其交互作用对创业的影响。虽然礼品支出状况可以反映出其社会网络状况，但社会网络是一个互动的关系，当农民创业需要筹集资金时，社会网络也会发挥作用，因此，采用“收取礼金的次数”来衡量其社会网络状况。具体方法为，首先，计算所有样本收到礼金的次数的平均数，高于平均数表示社会网络较强，低于平均数表示社会网络较弱。样本中收到礼金的平均次数是3.18，创业农民收到礼金的次数的平均数是3.26，没有创业的农民收到礼金的次数的平均数是3.16。因此，把低于4次视为弱社会网络，共有703位农民，4次及以上的视为强社会网络，共有325位农民。其次，实证检验社会网络、信贷约束及两者的交互项对创业的影响。表5-6中的Logistic回归结果及其边际效应结果显示，信贷约束、社会网络对创业的作用方向及效果与用“礼品支出次数”作为社会网络的结果是一致的，只是作用程度有些差别。交互作用的系数表明，交互作用对农民的创业有抑制作用，但并不显著。稳健性检验的实证结果表明，前文的实证结果具有一定的可信度，如表5-6所示。

表5-6 稳健性检验的边际效应估计结果

	dy/dx	Std. Err.	z	P > |z|
信贷约束	0.1333	0.0443	3.01	0.003
社会网络	-0.1996	0.0381	-5.23	0.000
信贷约束×社会网络	-0.0127	0.0602	-0.21	0.833
年龄	-0.0008	0.0037	-0.21	0.835
性别	-0.0235	0.0352	-0.67	0.504
婚姻	0.0178	0.0319	0.56	0.577
小学及以下学历	0.0574	0.0573	1.00	0.316
初中学历	0.0751	0.0344	2.18	0.029
大专学历	0.1008	0.0598	1.69	0.092
本科及以上学历	-0.1628	0.1782	-0.91	0.361
冒险型个性	0.0649	0.0444	1.46	0.144

续表

	dy/dx	Std. Err.	z	P > |z|
中间型个性	0.0257	0.0381	0.67	0.500
最小距离	-0.0425	0.0126	-3.38	0.001
政治参与	-0.0698	0.0333	-2.10	0.036
赣南	0.0088	0.0368	0.24	0.812
赣北	-0.0046	0.0371	-0.12	0.901
Average marginal effects	Number of obs. =1028		Model VCE：OIM	

5.5　研究结论与政策建议

本章对传统劳务输出大省江西省 1028 位农民调研样本进行了实证分析和检验。利用直接诱导法甄别样本的信贷约束并分析其社会网络，实证研究了信贷约束、社会网络及其交互作用对农民创业的影响，得到以下主要结论：第一，统计分析结果表明约 59% 的样本受到信贷约束，实证研究表明，没有受到信贷约束的农民的创业的概率要高约 15%。样本区域对银行等金融机构的资金需求较为强烈，但现有的制度安排抑制了农民创业所需的信贷支持。第二，社会网络对农民创业有显著负向影响，说明相比社会网络弱的农民，社会网络较强的农民的创业概率要低约 29%，既受到信贷约束又拥有强社会网络时，其创业概率要低约 9%。这一结果表明，当前社会网络并不利于农民创业，农民创业环境方面的一些非正式制度安排抑制了创业。可能的原因在于，强社会网络有时会对农民创业产生资金的“分散效应”，大多时候会产生信息的“分流效应”，大多成功创业者的“示范效应”非常有限。

本章研究结论能够为促进农民创业提供相关政策建议：第一，信贷约束是抑制农民创业的关键因素。正式制度安排方面，要充分重视农民创业中的贷款难问题。政府应着力制定解决农民创业贷款担保制度和贴息政策，金融机构应积极创新金融产品和服务。要积极拓展农民的融资渠道，进一步优化信贷资源在城乡之间的配置，把更多的信贷资源投放到“三农”领域。农村商业银行/农村信用合作社等金融机构要加强对农民创业项目的信贷支持，积极创新金融产品和金融服务，对投资项目的风险进行科学评估，适当降低抵押要求，尽量简化贷款手续，为融资提供支持，保证农民有效创业项目的顺利实施。第二，要重新审视社会网络在农民创业过程中的作用。现有文献大多强调社会网络能有效缓解信息不对称，能促进资金借贷活动（马光荣、杨恩艳，2011），但如果信息和资金等生产要素主要流向打工、消费等非创业领域时，农民创业所需的生产要素就会受到抑制，因此，当前农民的社会网络只有利于他们找到工作（章元、陆铭，2009），并不利于他们创业。这一研究结果表明，要促进农民创业就必须高度重视社会网络等非正式制度安排的影响。要加强农民社会网络建设，引导社会网络在农民创业方面的积极作用，积极发挥社会网络在信息分享、人才集聚以及组织建设等对创业的引领性及指导性作用。

第6章　土地流转对农民创业的影响
——基于ESP模型的实证分析

6.1　引言

创业是实现创新的过程，是经济过程本身的主要推动力（熊彼特，1942）。农民创业是农民从事特色种植养殖业、加工业、小型工矿企业、餐饮服务业、运输业、农村旅游业及创办合作组织或协会的行为（朱红根、梁曦，2018），对经济发展有重大贡献（Aparicio 等，2016）。然而，并非所有农民的创业都能促进经济增长。不管在发达国家还是发展中国家，不同主体的创业质量存在显著差异（Chowdhury 等，2019）。土地资源的有效利用是导致农民创业质量差异的重要原因。土地是非常重要的资源，是农民创业的关键投入要素（Petit 等，2018）。因土地形成的社会、文化、政治和经济关系网络是联结不同群体的重要因素，是影响农民创业的根本要素（Scheyvens 等，2017）。土地所有权对农民创业有重要影响，能够促进投资，增加创业收入（Falkinger 和 Grossmann，2013）。

中国土地制度的不断完善和发展为农民创业提供了制度保障。党的十九大报告提出的“保持土地承包关系稳定并长久不变，第二轮土地承包到期后再延长三十年”具有指引、评价和预测等作用，健全的继续承包制度有利于稳定农村土地承包关系（李宴，2018）。土地流转和规模经营一直是中央在进行农业经营体制机制改革和现代农业发展过程中的主要政策导向（孔祥智、穆娜娜，2018）。农业农村部的统计数据显示，截至2017年6月底，全国家庭承包经营耕地流转面积为4.97亿亩，流转率为36.5%，比2016年底增长3.8%①。中国土地流转行为日趋活跃，促进了土地集中，增加了农民收入（钱忠好、冀县卿，2016）。土地流转是解决土地细碎化，实现农地规模化经营的重要途径（马贤磊等，2016），地块规模的增大会提高地块的经济价值和租金，农民偏爱大地块，愿意为面积大的、与自家地相连的地块支付更高租金（纪月清等，2017）。

土地是农民创业最根本的要素之一，然而，实践表明，土地并没有在促进农民创业方面发挥应有作用。虽然中国土地流转市场体现出一定的效率，但农民土地使用权的现实状况与政策规定还存在一定的差距（冀县卿、黄季焜，2013）。中国农村地区一度出现稀缺土地撂荒现象，在一定程度上阻碍了农业生产效率的提高，需要重新配置土地来解决日益凸显的效率损失问题（李庆海等，2012）。中国土地流转总体水平不高、流转自愿程度下降、农地流转签订合同比例不高（钱忠好、冀县卿，2016）。受经济利益最大化和不确定就业环境的影响，转出土地带来的收入增量不足以激励农民转出土地，可能还面临财富水平降低的风险，农民倾向于保留农地或找人代耕，甚至撂荒土地（庄晋财等，2018）。

为什么实践与理论有如此巨大的落差呢？当前，影响农民土地流转的重要因素有哪些？现行制度下的土地流转能否促进农民创业？其中的作用机理是什么？为了回答这些问题，本书利用中国家庭追踪调查（CFPS）2016年数据，基于二元经济结构理论，采用内生转换Probit模型（Endogenous Switching Probit Model，ESP）实证检验了土地流转的影响因素以及土地流转对农民创业的影响，并分析了其作用机理。该模型充分考虑了可观测因素和不可观测因素导致的选择性偏误问题，通过构造“反事实”分析框架得到的估计结果更为科学。本书的研究为推进土地流转从而促进农民创业提供了实证支持，对于提高农村土地使用效率以及促进农村产业振兴等具有重要的现实意义。

6.2 理论分析与研究假设

6.2.1 土地转出影响农民创业的理论分析

现代产权经济学理论认为，产权是社会强制实施的对物如何使用的权利，包

① 数据来源：http：//www.moa.gov.cn/govpublic/NCJJTZ/201808/t20180831_6156654.htm。

括物的所有权、占有权、支配权、使用权、收益权和处置权等。中国的土地产权制度在不断的变革和完善。土地经营权的流转使中国农村土地的“两权分离”变成了“三权分置”，意味着农民不仅拥有“长久不变”的土地承包经营权，而且还拥有其土地经营权（或使用权）的市场出让权或处置权，有助于农民承包土地配置效率的提高和农户土地承包权益的有效实现，还有助于中国农村劳动力的分工分业深化以及土地、劳动力等基本生产要素的空间优化配置（黄祖辉，2017）。

在农村土地“三权分置”制度下，农民创业能够有效整合农村现有的土地、劳动力等各类生产要素，实现优化配置（朱红根、康兰媛，2013）。土地转出能够在促进农民创业方面发挥重要作用。首先，土地转出能够增加创业土地供给。土地转出能够促使土地流向利用效率更高的创业主体（Chamberlin 和 Ricker - Gilbert，2016）。土地转出规模增加，更多农民转移出农业生产部门，释放出被土地束缚的大量农村劳动力，使得农村土地能够流向专业农户和种田大户（闫小欢、霍学喜，2013）。其次，土地转出能够增加劳动力供给。土地转出释放的劳动力既能够满足创业主体的用工需求，又能够产生劳动力的集聚效应。劳动力集聚的外部性对于创业有积极的推动作用（叶文平等，2018）。再次，土地转出能够降低农民创业成本。为了保证土地流转合约的稳定性和降低违约损失，转出户确实会降低转入户的租金水平（仇童伟等，2019）。更多的农民选择非农就业后，土地供给增加，在土地流转的情况下，农村土地租金普遍低于无土地流转的情况（周文等，2017）。最后，土地转出能够促进非农就业，提升农民创业能力。土地转出能够解放家庭农业劳动力，提升家庭成员非农就业比例（Willmore 等，2012），农民在非农就业过程中获得的社会网络和产业网络双重嵌入，有利于农民感知、识别和开发创业机会，并抓住机会落实创业计划（庄晋财等，2014）。

综上所述，本章提出研究假说 1：土地转出能够影响农民创业。

6.2.2 土地转入影响农民创业的理论分析

二元经济结构理论认为，由于农村土地数量不能随人口的增长而增加，农业部门的产出必然会受到土地数量的限制，导致整个部门的边际收益递减。提高农业部门土地要素的边际产出必须依靠提高农业劳动生产率，需要对土地进行重组和优化配置，实现土地规模经营。中国农村土地需要从边际生产率低的使用者转向边际生产率高的经营者，从而实现优化配置（韩长赋，2018；林晨，2018；柏培文、杨志才，2019）。

农民创业有助于实现农村土地适度规模经营，需要发挥土地在促进农民创业中的重要作用。土地转入能够促进农民创业。首先，土地转入能够满足创业主体的用地需求，激发那些在非农就业过程中掌握了技术、积累了资金并能够识别商业机会的农民还乡创业，能够促进专业大户、家庭农场、农民合作社和农业产业化龙头企业等各类新型农业经营主体的发展。其次，土地转入有利于缓解创业农民的融资约束。金融资本不足导致的流动性约束是创业者在创业前期普遍面临的难题，融资是解决这一难题的重要途径之一（董晓林等，2019）。2020 年中央一号文件要求“推动土地经营权依法合规抵押融资”。作为一种金融资产，土地是最优良的抵押品，其金融化发展在农民获得信贷资本方面能发挥重要作用（Kaika 和 Ruggiero，2016）。土地转入后，农民以其依法取得的土地经营权作为债权担保取得贷款，解决“贷款需要抵押而农民缺乏有效抵押品”的融资风险难题。

根据以上分析，本章提出研究假说 2：土地转入能够影响农民创业。

6.2.3 土地转出和转入影响农民创业的异质性分析

已有研究发现，年龄和地区是影响农民创业的重要因素。年龄对农民返乡创业意愿的影响存在显著差异，相对于 30 岁以下的农民，30 ~ 39 岁的农民创业意愿更强，当年龄超过 40 岁以后，创业意愿不断下降（朱红根、康兰媛，2013）。农民创业的阅历以及经验会随着年龄的增长而增加，不同地区农民创业存在较大差别，原因在于，东部政府支持力度不够，中部资金获取困难，西部农民创业意识薄弱等（张应良，2014）。农民年龄对创业有显著影响，中国东部和中部地区的农民比西部地区的创业活跃程度更高（董晓林等，2019）。

土地流转对农民创业的影响具有年龄和地区异质性。土地转出后，年轻农民在非农就业过程中能够获得更多的创业资源和技能，创业机会的识别和把握能力更强，协调、融合创业资源的效率更高。土地转入后，年长农民在农村拥有更丰富的社会网络和产业网络，能够及时发现农业领域有价值的创业机会并合理配置各种创业资源。中国地域辽阔，各经济区域间的土地流转状况和特征有所差别，对农民创业产生不同影响。中国土地流转率的空间特征为“南高北低，东高西低”，造成这种空间差异性的主要原因是土地质量、交易费用和经济发展状况等（王亚辉等，2018）。比如，东北地区拥有中国最大的平原，相比其他地区，土地质量更高，交易费用更小，土地转出产生的劳动力集聚效应更大，创业效应可能更明显。与其他地区相比，东部地区经济发育程度高，土地转入的融资效率也高，转入土地的边际产出更高，创业效应可能更大。

综上所述，本章提出研究假说 3：土地转出和转入对农民创业的影响存在年龄和地区异质性。

6.3　研究设计

6.3.1　数据来源

本章使用北京大学中国家庭追踪调查（China Family Panel Studies，CFPS）2016 年数据，样本覆盖了 25 个省份，收集了个体、家庭和社区三个反映中国社会、经济、人口、教育和健康等方面的数据。该数据包含创业和土地流转等相关信息，适合本书的研究内容。CFPS2016 年数据共有 14020 个样本，城镇和乡村样本数分别为 6917 个和 7103 个。另外，农业农村部的数据显示，截至 2017 年 6 月底，转入企业的承包地面积超过 5200 万亩，占比只有 10.5%[①]，说明现阶段中国土地流转的主体是农民。因此，根据本书研究主题，保留与农民创业密切相关的 7103 个乡村样本，剔除缺失数据和异常数据样本后，得到 6680 个样本。理论上讲，土地流转包括土地转出、转入和既转出又转入三种情况，但样本中既转出又转入土地的样本只有 99 个，占比仅为 1.5%。为便于分析，把土地流转界定在仅有土地转出和仅有土地转入两种情况，删除既转出又转入土地的 99 个样本，最终得到 6581 个样本[②]。

6.3.2　变量设计

因变量：创业。根据前文农民创业概念的界定，参考周广肃等（2015）、董晓林等（2019）和胡浩、王海燕（2019）的研究，把创业变量设置为二元离散变量，根据 CFPS2016 问卷中“过去 12 个月，您家是否有家庭成员从事个体经营或开办私营企业”来判断农民是否创业，把该变量设置为二元离散变量，回答“是”时赋值为 1，否则赋值为 0。

处理变量：土地转出和转入。参考 Feng 等（2010）和钱龙、洪名勇

① 参见《工商资本下乡用地的困境、风险与出路》，https://m.sohu.com/a/317121173_692693。

② 当然，本书会加入这些样本，按同样方法估算土地流转的创业效应，对基准回归结果作稳健性检验。

(2016) 的研究，把土地转出和土地转入设置为二元离散变量。CFPS2016 问卷中有两个相关问题，问题一："过去 12 个月，您家是否将集体分配的土地出租给了其他人?" 若回答 "是"，说明有土地转出，赋值为 1，否则赋值为 0。问题二："过去 12 个月，除去集体分配的土地，您家是否从别人或集体那里租用了土地?" 如果回答 "是"，说明有土地转入，赋值为 1，反之赋值为 0。

控制变量。控制变量的选用主要参考了 Djankov 等 (2006) 的创业模型，该模型详细阐述了影响创业的三个方面的因素：第一，经济、政治和法律制度，即创业者的经济状况以及能够激励创业的金融环境和产权保护制度等；第二，社会资本变量，主要指社会网络状况；第三，个人资本变量，主要包括人口学特征变量和个人追求成功的意愿、对待风险的态度等。根据该模型，本书选择房产市价、金融产品、社会网络以及个人特征等相关变量作为控制变量。另外，中国地域广阔，各地经济发展水平和创业政策不大一样，因此，根据国家统计局 2018 年发布的《统计制度及分类标准》，把经济区域划分为东部地区、中部地区、西部地区和东北地区[①]，考察不同经济区域土地流转对农民创业的影响。各控制变量的具体含义和设置方法如表 6－1 第 2 列所示。

工具变量。选择 "村委会所在地距本县县城的距离" 和 "藏书量" 作为工具变量，原因在于，该距离会直接影响土地价值，从而影响土地流转。农民的藏书越多，认知水平越高，理解和执行土地流转相关政策的能力就越强，土地流转的可能性就越大。但是，根据前文 Djankov 等 (2006) 阐述的创业模型，影响创业的因素非常复杂，这两个变量对农民创业没有直接影响。

6.3.3 变量描述性统计分析

表 6－1 后 4 列为各变量的描述性统计。共 640 位农民在 "过去 12 个月" 有创业经历，约占 10%，其他 5941 位农民没有创业经历，约占 90%。共 1621 位农民在 "过去 12 个月" 转出了土地，占比为 25%，没有转出土地的农民为 4960 位，占 75%。转入土地的农民共 885 人，占比为 13%，无土地转入的农民数量数为 5696 位，占 87%。房产市价变量的均值约 17 万元，最大值为 800 万元。共 539 位农民在 "过去 12 个月" 内购买过股票、债券和基金等金融产品，约占总

① 具体划分情况为：东部地区 10 省 (市) 包括北京、天津、河北、上海、江苏、浙江、福建、山东、广东和海南；中部地区 6 省包括山西、安徽、江西、河南、湖北和湖南；西部地区 12 省 (区、市) 包括内蒙古、广西、重庆、四川、贵州、云南、西藏、陕西、甘肃、青海、宁夏和新疆；东北地区 3 省包括辽宁、吉林和黑龙江。

数的8%。在“过去12个月”，共3151位农民从事非农就业工作，占48%。社会网络变量的均值为4050元，最大值为14万元。共970个农民家庭过去12个月有婚嫁和小孩出生等重大事件，约占总样本的15%。共1772个家庭为孩子购买了商业保险，总样本的平均保费支出为1168元。距离变量的均值为24.9公里。共3448个家庭中有不同数量的藏书，均值为53本，总样本的均值为28本。各变量的含义和描述性统计如表6-1所示。

表6-1　变量含义和描述性统计

变量名称	含义	均值	标准差	最小值	最大值
创业	过去12个月，是否有家庭成员从事个体经营或开办私营企业：是=1，否=0	0.097	0.296	0	1
转出土地	过去12个月，是否将土地出租给他人：是=1，否=0	0.246	0.431	0	1
转入土地	过去12个月，是否租用他人土地：是=1，否=0	0.134	0.341	0	1
房产市价	您估计您家现在居住的这所房子当前的市场总价（万元）	17.205	29.791	0	800
金融产品	是否持有股票、基金、国债、信托产品、外汇产品、其他金融资产（如期货、期权等）等金融产品：是=1，否=0	0.082	0.274	0	1
非农就业	过去12个月，您自家有没有从事农林牧副渔方面的工作，包括种地、管理果树、采集农林产品、养鱼、打鱼、养牲畜等：没有=1，有=0	0.479	0.499	0	1
社会网络	过去12个月，您家给亲朋好友的人情礼金额（千元）	4.050	6.430	0	140
重大事件	过去12个月是否发生过男性娶妻、女性出嫁和小孩出生等重大事件：是=1，否=0	0.147	0.355	0	1
商业保费	过去12个月，家里为孩子另外购买商业医疗保险花费的金额（千元）	1.168	3.542	0	100
年龄	岁	47.621	17.376	16	97
性别	男=1，女=0	0.489	0.500	0	1
婚姻	已婚=1，未婚=0	0.637	0.481	0	1
家庭人口数	家庭人口总数	3.964	1.878	1	19

续表

变量名称	含义	均值	标准差	最小值	最大值
健康状况	健康状况自评，不好 =0，一般 =1，好 =2，很好 =3	1.637	1.058	0	3
小学学历	小学及以下学历 =1，其他 =0	0.457	0.498	0	1
初中学历	初中学历 =1，其他 =0	0.328	0.469	0	1
高中学历	高中学历 =1，其他 =0	0.144	0.351	0	1
大专学历	大专及以上学历 =1，其他 =0	0.071	0.256	0	1
距离	村委会所在地距本县县城（市区）的距离（公里）	24.942	7.663	0	90
藏书量	家庭藏书量（本）	27.509	59.690	0	2000
东部	东部地区 =1，其他 =0	0.264	0.441	0	1
中部	中部地区 =1，其他 =0	0.257	0.437	0	1
西部	西部地区 =1，其他 =0	0.358	0.479	0	1
东北	东北地区 =1，其他 =0	0.121	0.327	0	1

表6－2统计了在土地转出和转入条件下农民的创业比例。转出和没有转出土地的创业农民分别有252位和388位，转入和没有转入土地的创业农民分别为105位和535位。表6－2的统计分析说明，相比没有转出土地的农民，转出土地农民的创业比例高8%。相比没有转入土地的农民，转入土地农民的创业比例高2%。

表6－2　土地流转条件下的创业比例

	是否转出土地		是否转入土地	
	是	否	是	否
创业农民数	252	388	105	535
占同类样本的比例	16% (252/1621)	8% (388/4960)	12% (105/885)	10% (535/5696)

表6－3统计了对各变量进行t检验后得到的均值差异。第2列、第3列分别表示在转出和没有转出土地情况下各变量的均值，第4列为两个均值的差异，反映出两组样本在是否创业、房产市价、金融产品等方面有显著差异。转出土地农民的创业比例比没有转出土地农民的高约8%，和表6－2的统计分析是一致的。房产市价方面，转出土地农民的房产市价均值为20.6万元，没有转出土地农民

的房产市价均值为 16.1 万元，两者相差 4.5 万元。表 6-3 第 5 列和第 6 列分别报告了有转入和无转入土地情况下各变量的均值，最后 1 列为均值差异，反映了两组样本在是否创业、社会网络、商业保费等方面有显著差异。比如，转入土地的农民的创业比例比没有转入土地的农民的创业比例高 2.5%。转入土地的农民每年给亲朋好友的人情礼支出金额比没有转入土地的农民高 612 元。

尽管表 6-3 直观地反映了是否流转了土地情况下一些变量的均值存在显著差异，但并不能说明这些差异是土地转出或转入引起的。要准确论证土地流转的创业效应，必须充分考虑样本"自选择"导致的选择性偏误。因此，本书采用较为科学的内生转换 Probit 模型进行实证研究。

表 6-3　各变量的均值差异

变量	有转出	无转出	有无转出样本的均值差异	有转入	无转入	有无转入样本的均值差异
创业	0.155	0.078	0.077***	0.119	0.094	0.025**
房产市价	20.620	16.089	4.531***	17.401	17.175	0.226
金融产品	0.131	0.066	0.065***	0.092	0.080	0.012
社会网络	4.147	4.018	0.129	4.579	3.967	0.612***
商业保费	1.559	1.040	0.519***	1.525	1.113	0.412***
非农就业	0.453	0.487	-0.034**	0.481	0.478	0.003
重大事件	0.141	0.150	-0.009	0.176	0.143	0.033***
年龄	47.961	47.510	0.451	47.260	47.678	-0.418
性别	0.477	0.492	-0.015	0.493	0.488	0.005
婚姻	0.630	0.640	-0.010	0.655	0.634	0.021
家庭人口数	3.468	4.126	-0.658***	4.320	3.909	0.411***
健康状况	1.657	1.630	0.027	1.678	1.631	0.047
小学学历	0.437	0.464	-0.027*	0.456	0.458	-0.002
初中学历	0.347	0.322	0.025*	0.320	0.330	-0.010
高中学历	0.147	0.143	0.004	0.153	0.142	0.011
大专学历	0.068	0.071	-0.003	0.071	0.070	0.001
距离	23.290	25.482	-2.192***	25.253	24.894	0.359*
藏书量	31.954	26.056	5.898***	42.885	25.120	17.765***
样本量	1621	4960	6581	885	5696	6581

注：***、**和*分别表示在 1%、5%和 10%的统计水平上显著。

6.3.4 模型构建

内生性是选择计量模型时特别需要考虑的重要问题。土地流转是农村土地资源的重新配置过程，从“理性人”经济假设出发，只有当非农生产的预期收益与土地租金之和超过自己耕种土地所获得的收益时，农户才会选择租出土地；同样，只有当农户的土地经营收益超过耕种土地的机会成本与土地租金之和，才会选择租入土地（陈飞、翟伟娟，2015）。现实中，农民会通过衡量收益来决定是否参与土地流转，但该决策并不是随机的，具有自选择性，是很多因素共同影响的，而且，有些因素是无法观测的，这些未观测到的变量主要有以下几个方面：第一，农民对国家土地流转政策的认知能力；第二，农民对土地流转实践的了解情况和把握程度；第三，农民对参与土地流转的交易成本的核算；第四，创业所具备的企业家才能等。如果忽视这些未观测到的变量，使用普通最小二乘估计得到的结果是有偏误的。另外，分析土地流转对创业的影响时，不能简单地将这种影响归因于是否参与了土地流转，因为在非随机对照实验的条件下，无法得到反事实的相关信息，很难区别两者的因果关系（Miguel 和 Kremer，2004）。解决这个问题的一个有效方法是分析样本在参与了土地流转和没有参与土地流转时的创业概率的差异，Rosenbaum 和 Rubin（1983）提出的倾向得分匹配法（PSM）在研究相关问题时被广泛应用（陈飞、翟伟娟，2015；Martey 等，2019）。但该方法的缺点在于，没有考虑未观测变量带来的选择性偏误（陈强，2014；Abdulai 和 Huffman，2014；Ma 等，2018）。

考虑到土地流转对创业的影响效应中由可观测和未观测因素①导致的选择性偏误，参考 Lokshin 和 Sajaia（2011）、Abdulai 和 Huffman（2014）、Ma 等（2018）等文献，采用内生转换 Probit 回归模型进行实证研究。

ESP 回归分两个阶段。第一阶段用 Probit 模型估计农民参与土地流转（转出或转入）的概率。借鉴 Lokshin 和 Sajaia（2011）、Abdulai 和 Huffman（2014）、Ma 等（2018），假设农民②是风险中性的，参与土地流转的决策主要取决于流转产生的效用水平。假设土地流转能获得的效用水平为 T_{1i}^*，不参与流转时为 T_{0i}^*，

---

① 如风险偏好。冒险行为（Risk－taking Behavior）被认为是影响创业的重要因素，因为创业是高风险的投资活动，动态学习（Dynamic Learning）和对环境变化的适应能力是企业家精神的重要特征（Loasby，2007）。

② 土地转出者是农民，但土地转入者的主体也是农民，只有少量城镇居民（农业农村部的统计表明，2015 年，约 90% 的土地流转在农民之间进行）。因此，为了行文方便，把土地流转的行为主体都称为农民。

如果 $T_i^* = T_{1i}^* - T_{0i}^* > 0$，则农民将参与土地流转，反之，不参与流转。但是，$T_i^*$ 是不可观测的，调研中只能得知农民有没有转出或转入土地。因此，通过以下公式得到衡量农民是否参与土地流转的二元离散变量：

$$T_i^* = \gamma Z_i + \mu_i,\ T_i = \begin{cases} 1, & \text{如果} T_i^* > 0 \\ 0, & \text{如果} T_i^* \leqslant 0 \end{cases} \tag{6-1}$$

式（6－1）为选择方程，$T_i = 1$ 表示农民参与了土地流转（转出或转入），反之为0；Z_i是影响土地流转的相关变量，γ 是待估计参数，衡量各变量对土地流转的作用方向和程度；μ_i为符合均值为 0、方差为σ_μ^2的残差项。

ESP 回归第二阶段的结果方程估计农民参与土地流转和不参与土地流转的创业倾向。ESP 模型把第一阶段回归方程计算出逆米尔斯比（即选择性偏误项）加入到结果方程中进行回归，这样就能够解决因没有考虑未观测变量而导致的选择性偏误问题，该方法得到的回归结果比 PSM 等方法的估计结果更加有效（Lokshin 和 Sajaia，2004）。结果方程表示如下：

$$Y_{Ti}^* = \beta_T X_{Ti} + \varepsilon_{Ti},\ Y_{Ti} = \begin{cases} 1, & \text{如果} Y_{Ti}^* > 0 \\ 0, & \text{如果} Y_{Ti}^* \leqslant 0 \end{cases} \quad \text{当} T_i = 1 \tag{6-2a}$$

$$Y_{Ni}^* = \beta_N X_{Ni} + \varepsilon_{Ni},\ Y_{Ni} = \begin{cases} 1, & \text{如果} Y_{Ni}^* > 0 \\ 0, & \text{如果} Y_{Ni}^* \leqslant 0 \end{cases} \quad \text{当} T_i = 0 \tag{6-2b}$$

其中，Y_{Ti}^*表示参与了土地流转农民的创业倾向，是无法观测的潜变量，但是，可以通过调查得知样本是否创业，如果创业，赋值为 1，否则赋值为 0；同理，Y_{Ni}^*表示没有参与土地流转样本的创业倾向，如果有创业，赋值 1，否则赋值为 0。X_{Ti}和X_{Ni}分别表示有土地流转和没有土地流转条件下创业的各种影响因素，β_T和β_N为待估计参数，ε_{Ti}和ε_{Ni}分别表示方程（6－2a）和方程（6－2b）的误差。当未观测变量同时影响选择方程（土地流转的影响因素）的残差项 μ 和结果方程（创业的影响因素）的残差项 ε 时，会导致选择方程和结果方程的残差项的协方差不等于 0①，其协方差矩阵表示如下：

$$\Omega = \begin{pmatrix} 1 & \rho_0 & \rho_1 \\ & 1 & \rho_{10} \\ & & 1 \end{pmatrix}, \tag{6-3}$$

其中，ρ_0为选择方程（6－1）的残差（μ）和结果方程（6－2b）的残差（ε_N）的相关系数，ρ_1表示选择方程（6－1）的残差（μ）和结果方程（6－2a）

① 即一些影响土地流转的未观测到的因素有可能也会影响创业。

的残差（ε_T）的相关系数，ρ_{10}表示ε_N和ε_T的相关系数。如果ρ_0或ρ_1至少有一个显著不为0，说明模型存在选择性偏误。如果存在选择性偏误，方程（6－2a）和方程（6－2b）估计后的残差均值不等于0（Lokshin 和 Sajaia，2011）。

ESP 模型采用完全信息极大似然估计法（Full Information Maximum Likelihood Method）对方程（6－1）和方程（6－2a）以及方程（6－2b）同时进行估计，估计方程如下：

$$\ln(\xi) = \sum_{T_i \neq 0, Y_i \neq 0} w_i \ln\{\Phi_2(X_{Ti}\beta_T, Z_i\gamma, \rho_1)\} + \sum_{T_i \neq 0, Y_i = 0} w_i \ln\{\Phi_2(-X_{Ti}\beta_T, Z_i\gamma, -\rho_1)\} + \sum_{T_i = 0, Y_i \neq 0} w_i \ln\{\Phi_2(X_{Ni}\beta_N, -Z_i\gamma, -\rho_0)\} + \sum_{T_i = 0, Y_i = 0} w_i \ln\{\Phi_2(-X_{Ni}\beta_N, -Z_i\gamma, \rho_0)\} \tag{6-4}$$

其中，Φ_2表示符合二元正态分布的累计分布函数，w_i表示样本 i 最优权重（Optional Weight）。为保证ρ_1和ρ_0的取值位于－1～1，可用最大似然估计法估计出 atanh（ρ）：

$$\text{atanh}\,\rho_j = \frac{1}{2}\ln\left(\frac{1+\rho_j}{1-\rho_j}\right) j = 0,\ 1 \tag{6-5}$$

特别需要强调的是，因为结果方程［方程（6－2a）和方程（6－2b）］中$X_{Ti}(X_{Ni})$和选择方程（6－1）中Z_i的变量可能是一样的，为了加以区别，选择方程中最少需要一个工具变量不能出现在结果方程中（Lokshin 和 Sajaia，2004）。

ESP 模型还能估算土地流转对创业影响的处理效应。估算出相关系数后，可以计算出土地流转对创业影响的三种平均处理效应，处理组（参与了土地流转的样本）的平均处理效应估算方程为：

$$ATT = \frac{1}{N_T}\sum_{i=1}^{N_T}\{P_r(Y_T = 1 \mid T = 1, X = x) - P_r(Y_N = 1 \mid T = 1, X = x)\} = \frac{\Phi_2(X_T\beta_T, Z\gamma, \rho_1) - \Phi_2(X_N\beta_N, Z\gamma, \rho_0)}{F(Z\gamma)} \tag{6-6}$$

其中，N_T表示参与土地流转的样本数，$F(Z\gamma)$表示农民参与土地流转的概率，为符合正态分布的累计函数。$P_r(Y_T=1 \mid T=1,\ X=x)$表示参与土地流转的农民的创业概率，$P_r(Y_N=1 \mid T=1,\ X=x)$表示参与了土地流转的农民如果没有参与土地流转时（反事实）的创业概率。因此，ATT 表示参与了土地流转的样本（处理组）因土地流转导致的创业概率的变化。

控制组（没有参与土地流转的样本）的平均处理效应估算方程为：

$$ATU = \frac{1}{N_N}\sum_{i=1}^{N_N}\{P_r(Y_T = 1 \mid T = 0, X = x) - P_r(Y_N = 1 \mid T = 0, X = x)\} =$$

$$\frac{\Phi_2(X_T\beta_T, -Z\gamma, -\rho_1) - \Phi_2(X_N\beta_N, -Z\gamma, -\rho_0)}{F(-Z\gamma)} \tag{6-7}$$

方程（6-7）中，N_N表示没有参与土地流转的样本数，$F(-Z\gamma)$表示农民没有土地流转的概率，$P_r(Y_N=1|T=0, X=x)$表示没有参与土地流转的农民的创业概率，$P_r(Y_T=1|T=0, X=x)$表示没有参与土地流转的农民如果参与了流转（反事实）后的创业概率。因此，*ATU* 表示没有参与土地流转的样本（对照组）如果参与土地流转后的创业概率的变化。

土地流转对创业影响的总体样本的平均处理效应的估算方法为：

$$ATE = \frac{1}{N}\sum_{i=1}^{N}\{P_r(T=1, X-x) - P_r(T=0, X=x)\} = \frac{1}{N}\sum_{i=1}^{N}\{F(X_T\beta_T) - F(X_N\beta_N)\} \tag{6-8}$$

式（6-8）中，N表示总体样本数，$P_r(T=1, X=x)$表示样本中参与土地流转的样本的创业概率，$P_r(T=0, X=x)$表示没有参与土地流转的样本的创业概率。*ATE* 估计的是总体样本中，相对于没有参与土地流转的样本，参与了土地流转样本的创业概率，或者说，总体样本因土地流转导致的创业概率的变化。

6.4 ESP 模型估计结果及分析

6.4.1 土地流转影响因素的 ESP 模型估计结果及分析

表6-4的第2列和第5列分别报告了土地转出和土地转入影响因素的估计结果。房产市值变量在土地转出方程中的估计系数为0.002，在1%水平上具有显著性，说明房产市值提升会显著提高农民转出土地的概率。金融产品变量的估计系数表明，金融行为和金融意识有利于农民转出土地。商业保费变量的估计结果表明，为孩子购买商业保险的行为能够提高农民土地转出和转入的概率，可能的原因是，保险意识有助于提升人们对土地流转的风险认知收益期待。家庭人口数越多，转出土地的概率越小，转入土地的概率越大，显示了劳动力在土地利用中的重要作用。相比东部地区，中部地区、西部地区和东北地区的农民转出土地的概率更小，而中部地区和东北地区的农民转入土地的概率更大，说明经济发展水平对土地流转有重要影响。

表6-4中距离和藏书量变量的估计系数表明，两个变量对土地转出和转入

都有显著影响。当用Probit模型估计两个工具变量对创业的影响时，两个工具变量的估计结果都不显著（p值分别为0.365和0.371）。土地转出和转入影响创业的工具变量模型（IV－2SLS）估计结果显示，第一阶段F值分别为27.87和15.18，表明工具变量不是弱工具变量。过度识别检验的p值分别为0.419和0.358，均不显著，没有拒绝“所有工具变量均外生”的原假设。因此，两个工具变量是合适的。

表6－4　土地转出/转入的影响因素及其对创业影响的ESP模型估计结果

变量	选择方程（是否转出土地）	结果方程（是否创业）		选择方程（是否转入土地）	结果方程（是否创业）	
		转出土地	未转入土地		转入土地	未转入土地
房产市价	0.002*** (0.001)	0.002* (0.001)	0.011*** (0.001)	－0.000 (0.001)	0.008*** (0.001)	0.007 (0.005)
金融产品	0.347*** (0.065)	0.567*** (0.173)	2.357*** (0.092)	－0.008 (0.076)	2.080*** (0.077)	1.470 (1.024)
社会网络	－0.002 (0.003)	0.016** (0.007)	0.027*** (0.005)	0.003 (0.003)	0.027*** (0.004)	0.019 (0.019)
商业保费	0.029*** (0.008)	0.021 (0.014)	0.067*** (0.014)	0.010 (0.007)	0.061*** (0.016)	0.028 (0.021)
非农就业	－0.043 (0.035)	0.308*** (0.098)	0.414*** (0.078)	—	—	—
重大事件	0.045 (0.050)	－0.037 (0.069)	－0.168 (0.115)	0.069 (0.055)	－0.079 (0.089)	－0.171 (0.146)
年龄	0.001 (0.001)	－0.004*** (0.002)	0.002 (0.002)	－0.001 (0.001)	－0.002 (0.002)	0.003 (0.003)
性别	－0.033 (0.034)	－0.008 (0.050)	－0.075 (0.074)	0.010 (0.039)	－0.056 (0.063)	－0.030 (0.095)
婚姻	－0.035 (0.037)	0.126** (0.063)	0.325*** (0.086)	0.053 (0.042)	0.315*** (0.073)	0.034 (0.128)
家庭人口数	－0.120*** (0.011)	0.164*** (0.017)	0.061*** (0.021)	0.054*** (0.010)	0.088*** (0.016)	－0.042 (0.038)
健康状况	－0.004 (0.017)	0.098** (0.038)	0.203*** (0.036)	0.006 (0.019)	0.209*** (0.030)	0.140 (0.106)

续表

变量	选择方程（是否转出土地）	结果方程（是否创业）		选择方程（是否转入土地）	结果方程（是否创业）	
		转出土地	未转入土地		转入土地	未转入土地
小学学历	0.009 (0.070)	0.059 (0.095)	0.035 (0.157)	-0.024 (0.079)	-0.015 (0.128)	0.137 (0.215)
初中学历	0.088 (0.072)	-0.062 (0.099)	0.080 (0.158)	-0.036 (0.081)	0.014 (0.130)	0.106 (0.214)
高中学历	0.059 (0.079)	0.095 (0.110)	0.156 (0.175)	0.022 (0.090)	0.198 (0.139)	0.087 (0.224)
中部	-0.194*** (0.047)	0.296*** (0.068)	-0.051 (0.105)	0.092* (0.055)	0.095 (0.086)	-0.048 (0.125)
西部	-0.460*** (0.045)	0.454*** (0.065)	-0.102 (0.098)	0.066 (0.052)	0.028 (0.079)	-0.257 (0.181)
东北	-0.209*** (0.058)	0.271*** (0.082)	-0.380** (0.164)	0.191*** (0.069)	-0.178 (0.124)	-0.330 (0.241)
距离	-0.016*** (0.004)	—	—	0.004** (0.002)	—	—
藏书量	0.001*** (0.000)	—	—	0.002*** (0.001)	—	—
常数项	0.228* (0.136)	-0.718 (0.343)**	-3.427*** (0.250)	-1.556*** (0.129)	-3.108*** (0.190)	-0.090 (1.782)
ρ_1	—	-2.404*** (0.665)	—	—	-0.266* (0.146)	—
ρ_0	—	—	-0.037 (0.115)	—	—	-1.393 (1.248)
模型拟合优度检验	374.85***			92.61***		
对数伪似然值	-4428.384			-3624.905		
方程独立性检验	13.39***			13.68***		
样本量	6581			6581		

注：①***、**和*分别表示在1%、5%和10%的统计水平上显著；②括号内为标准误；③受教育程度变量中大专学历是对照组，经济区域变量中东部是对照组。

6.4.2 创业影响因素的 ESP 模型估计结果及分析

表6－4第3列和第4列分别统计了转出和没有转出土地农民创业影响因素的回归结果，表6－4第6列和第7列分别报告了转入和没有转入土地农民创业影响因素的估计结果。结果表明，房产市价、金融产品和社会网络对转出和没有转出土地农民以及转入土地农民的创业都有显著正向影响。该结论和 Djankov 等（2006）的发现是一致的，说明经济状况和社会资本对创业有显著影响。周广肃等（2015）和胡浩、王海燕（2019）等的研究也印证了社会网络在信息获取以及社会性学习机制等方面对创业决策的重要作用。商业保费对转入土地农民的创业有显著正向影响，说明金融知识和风险意识对创业有促进作用。非农就业对创业有显著正向影响，可能的原因在于，非农就业能增加农民的人均年收入（Ma 等，2018），从而有利于积累创业启动资金。人力资本变量中，家庭人口数和健康状况对转出和没有转出土地农民以及转入土地农民的创业都有显著正向影响。可能的原因在于，人力资本是影响创业的重要因素，人力资本状况会影响创业能力，而个人能力决定了对雇用劳动力的需求，支配着劳动力在创业者和雇员之间的分配（Van Praag 和 Cramer，2001）。

表6－4报告了土地转出和土地转入模型与创业模型联立估计的误差项相关系数（ρ_0 和 ρ_1）及方程独立性 Wald 检验值等结果。ρ_1 均为负，且在1%或10%的统计水平上显著，说明创业模型确实存在样本选择性偏误，这和前文的理论分析是一致的。方程独立性 Wald 检验值分别为13.39和13.68，均在1%的统计水平上拒绝了选择方程和结果方程相互独立的原假设。模型拟合优度检验都在1%水平上显著。因此，本书采用的 ESP 模型是合适的。

6.4.3 土地流转对创业影响的 ESP 模型回归结果及分析

表6－5上一行统计了土地转出对农民创业影响的平均处理效应估计结果。ATT 估计值为0.023，t 值为9.131，在1%统计水平上显著。其含义是，1621位转出土地农民的创业概率比这些农民没有转出土地时（反事实）的创业概率增加了2.3个百分点。本章假设1得到验证，说明土地转出对农民创业有显著正向影响。

表6－5第三行是土地转入对创业影响的平均处理效应估计结果。ATT 估计值表明，转入了土地的885位农民的创业概率比这些农民在没有转入土地时（反事实）增加了4.8%。本章假设2也得到了验证，说明土地转入对农民创

业有显著正向影响。

表 6-5　土地转出/转入对农民创业影响的平均处理效应（ATT）

	样本数（位）	ATT	标准误	t 值
土地转出对农民创业的平均处理效应	1621	0.023***	0.003	9.131
土地转入对农民创业的平均处理效应	885	0.048***	0.003	14.690

注：*** 表示在 1% 的统计水平上显著。

表 6-5 的估计结果还表明，虽然土地转出和转入对农民创业都有显著正向影响，但相比土地转出，土地转入的创业效应更明显（4.8% >2.3%）。可能的原因在于，创新是创业的本质和手段（熊彼特，1942）。土地转入比转出更需要创新，更能体现创业主体的企业家才能，以提高转入土地的经营效率。从实践来看，自 2013 年“鼓励和支持承包土地向专业大户、家庭农场、农民合作社流转，发展多种形式的适度规模经营”和 2017 年“大力培育新型农业经营主体和服务主体”等中央一号文件发布以来，新型农业经营主体和新型职业农民得到飞速发展，土地转入市场的发展是非常重要的原因之一。

6.4.4　土地流转创业效应的异质性分析

第一，按年龄分组的 ESP 模型回归结果及分析。不同年龄农民的创业意愿可能会有较大差别，把在 1980 年及以后出生的农民分在新生代组，反之分在老一代组，进一步考察按年龄分组时土地流转对农民创业的影响。表 6-6 估计结果表明，土地转出和转入对新生代和老一代农民创业都有显著正向影响。转出土地的新生代和老一代农民的创业概率比没有转出时分别高 4.7% 和 1.2%，转入土地的新生代和老一代农民的创业概率比没有转入时分别高 4.4% 和 4.9%。

表 6-6　按年龄分组的 ESP 模型估计结果（ATT）

分样本	土地转出对创业的平均处理效应（ATT）				土地转入对创业的平均处理效应（ATT）			
	样本数	ATT	标准误	t 值	样本数	ATT	标准误	t 值
新生代组	506	0.047***	0.005	9.165	288	0.044***	0.006	7.786
老一代组	1115	0.012***	0.003	4.380	597	0.049***	0.004	12.473

注：*** 表示在 1% 的统计水平上显著。

按年龄分组的异质性估计结果表明，土地流转既能显著促进新生代农民创业，也能显著促进老一代农民创业。但是，比较而言，土地转出对新生代农民的创业效应比对老一代农民的大，土地转入对老一代农民的创业效应比对新生代农民的大。可能的原因在于，土地转出后，新生代农民在个体经营等非农领域创业的比例更高，老一代农民在农业领域创业的可能性更大。因此，要积极鼓励新生代农民转出土地，支持老一代农民转入土地，从而促进农民创业。

第二，按经济区域分组的 ESP 模型估计结果及分析。中国地域辽阔，各经济区域间的土地流转状况和特征有所差别。因此，进一步估算按经济区域分组时土地流转对创业影响的平均处理效应。表 6－7 表明，土地转出和转入对各经济区域农民的创业都有显著正向影响。在东部地区、中部地区、西部地区和东北地区四个经济区域，转出土地农民的创业概率比没有转出土地时分别高 2.9%、3.9%、2.7%和5.0%。土地转入的创业效应估计结果表明，各经济区域转入了土地的农民的创业概率比没有转入土地时分别高 7.1%、6.1%、2.6%和4.2%。

按经济区域分组的异质性估计结果表明，虽然各区域土地流转的创业效应都显著为正，但差异性比较明显。相对而言，土地转出对东北地区农民的创业效应最大，土地转入对东部地区农民的创业效应最大。可能的原因在于，我国土地流转率的空间特征为“南高北低，东高西低”，造成这种空间差异性的主要原因是经济发展状况、机械化发展水平以及农民增收意愿等（王亚辉等，2018）。因此，各地区都要因地制宜，加快土地流转，促进农民创业。

年龄和地区异质性估计结果表明，土地转出和转入对农民创业的影响存在年龄和地区异质性，因此，假说 3 得到检验。

表 6－7　按经济区域分组的 ESP 模型估计结果（ATT）

分样本	土地转出对创业的平均处理效应				土地转入对创业的平均处理效应			
	样本数	ATT	标准误	t 值	样本数	ATT	标准误	t 值
东部地区	569	0.029***	0.004	7.181	205	0.071***	0.008	8.407
中部地区	422	0.039***	0.005	7.336	238	0.061***	0.007	9.324
西部地区	408	0.027***	0.005	5.056	324	0.026***	0.003	6.348
东北地区	222	0.050***	0.007	7.221	118	0.042***	0.008	5.261

注：*** 表示在1%的统计水平上显著。

6.4.5 稳健性检验

稳健性检验一：加入既转出又转入土地的99个样本。为便于分析，基准回归中删除了既转出又转入土地的99个样本。本部分加上这些样本，采用同样方法重新估计土地流转对农民创业的影响，对基准回归结果作稳健性检验。表6-8统计了该稳健性检验结果，表明土地转出和转入对农民创业都有显著正向效应。第一，土地转出能显著促进农民创业（ATT为0.032，t值为10.699）。1720位转出土地农民的创业概率比没有转出土地时（反事实）增加了3.2个百分点。第二，土地转入也能显著促进农民创业（ATT为0.038，t值为14.496）。转入了土地的879位农民的创业概率比没有转入土地时增加了3.8%。第三，虽然土地转出和转入对农民创业都有正向效应，但土地转入的创业效应（3.8%）大于土地转出的创业效应（3.2%）。以上结果表明，重新加入既转出又转入土地的99个样本后，得到的稳健性检验结果和基准回归结果是非常一致的。

表6-8 土地转出/转入对农民创业影响的平均处理效应（ATT）

	样本数	ATT	标准差	t值
土地转出对农民创业影响的平均处理效应	1720	0.032	0.003	10.699***
土地转入对农民创业影响的平均处理效应	984	0.038	0.003	14.496***

注：***表示在1%的统计水平上显著。

稳健性检验二：采用自变量滞后一期数据。考虑到土地流转和创业可能存在反向因果关系，同时，如果这两个变量的数据都来自CFPS2016，难以准确判断土地流转和创业的先后顺序。因此，参考李涛、张文韬（2015）和胡浩、王海燕（2019）的做法，使用CFPS2014的土地流转数据替换CFPS2016的土地流转数据，其他数据保持不变。再根据CFPS2016的家户号（fid16）对应的CFPS2014的家户号（fid14）对样本进行匹配，最终得到6595个样本。其中，既转出又转入土地的样本共97个，占比为1.5%。和基准回归时一样，删除这97个样本，最终得到6498个样本。然后使用相同方法重新估算土地流转的创业效应。

表6-9统计了更换自变量数据后土地流转对农民创业影响的ESP模型平均处理效应。结果表明：第一，土地转出能显著促进农民创业，1573位转出土地农民的创业概率比没有转出土地时增加了1.6个百分点。第二，土地转入能显著促进农民创业，转入了土地的879个样本的创业概率比没有转入土地时增加了

6.1%。第三，虽然土地转出和土地转入对农民创业都有显著正向影响，但土地转入的创业效应（6.1%）大于土地转出的创业效应（1.6%）。以上结果表明，采用自变量滞后一期数据，按同样方法得到的估计结果和基准回归结果是非常一致的。

表 6-9 自变量数据滞后一期的 ESP 模型平均处理效应（ATT）

	样本数	ATT	标准误	t 值
土地转出对农民创业影响的平均处理效应	1573	0.016***	0.002	7.697
土地转入对农民创业影响的平均处理效应	879	0.061***	0.004	14.669

注：*** 表示在 1% 的统计水平上显著。

稳健性检验三：更换估计方法。采用 PSM（倾向得分匹配法）模型估计土地流转的创业效应，对基准结果进行稳健性检验。表 6-10 统计了土地流转创业效应的 PSM 一对一匹配法的估计结果。结果显示，转出土地农民的创业概率比没有转出时高 3.1%，转入土地农民的创业概率比没有转入时高 2.5%，表明土地转出和转入对农民创业都有显著正向影响，这和 ESP 模型的估计结果是一致的。当然，也有不同之处：用 PSM 模型得到的土地转出的创业效应（3.1%）比用 ESP 模型得到的效应（2.3%）大很多，而用 PSM 模型得到的土地转入的创业效应（2.5%）比用 ESP 模型得到的效应（4.8%）小很多。这是因为 PSM 模型没有考虑不可观测因素的影响，从而得到的结果是有偏误的。而 ESP 模型充分考虑了可观测和不可观测因素导致的选择性偏误，把第一阶段得到的偏误项自动加入到第二阶段估计土地流转对创业的影响，得到的估计结果更加科学。

表 6-10 PSM 模型一对一匹配法估计结果（ATT）

	样本数	处理组	对照组	ATT	标准误	t 值
土地转出对农民创业影响的平均处理效应	1621	0.155	0.124	0.031***	0.014	2.26
土地转入对农民创业影响的平均处理效应	885	0.119	0.094	0.025***	0.011	2.31

注：*** 表示在 1% 的统计水平上显著。

6.5 研究结论与政策建议

发挥土地资源在农民创业中的重要作用，这既是新型农业经营主体不断发展的要求，也是实现小农户和现代农业发展有机衔接的要求。本章利用 CFPS2016 年的数据，采用内生转换 Probit 模型，充分考虑了可观察和不可观测因素导致的选择性偏误，实证检验了土地流转的创业效应。研究结果发现：第一，房产市价、金融产品、商业保费和藏书量等变量对土地转出有显著正向影响，家庭人口数、距离和藏书量等变量对土地转入有显著正向影响。说明风险和成本是影响农民流转土地的重要因素。第二，土地转出和转入对农民创业都有显著正向影响，但土地转入对农民创业的影响比土地转出的大。其机理在于，土地流转市场的充分发展能促使土地、劳动力和资金等生产要素从传统小农部门向现代农业部门转移。土地转出能为农民创业提供创业用地需求，产生劳动力的集聚效应。土地转入能降低创业农民的筹资风险和成本，提高融资效率，在发挥企业家才能方面比土地转出的作用更明显。第三，异质性估计结果表明，土地转出对新生代农民的创业效应比对老一代农民的大，土地转入对老一代农民的创业效应比对新生代农民的大。土地转出对东北地区农民的创业效应最大，土地转入对东部地区农民的创业效应最大。

根据以上研究结论，本章提出以下政策建议：第一，当前的土地制度有利于促进农民创业。土地“三权分置”制度是制订“三农”政策最根本的理论依据，要在稳定农户土地承包权的基础上，放活农村土地经营权。要不断培育土地经营权流转市场，提高土地流转比例和流转速度，充分满足专业大户、家庭农场、农民专业合作社等新型农业经济主体创业的用地需求，实现土地适度规模经营。第二，土地流转的创业支持要针对不同农民群体实行差异化的政策。土地转出对新生代农民的创业效应比对老一代农民的大，应鼓励新生代农民积极转出土地，激励新生代农民在农业和非农领域中创业；土地转入对老一代农民的创业效应比对新生代农民的大，转出的土地应适当向老一代农民倾斜，充分发挥老一代农民在农村创业中的重要作用。各经济区域要因地制宜，充分发挥各自比较优势，制定相关措施大力支持创业土地的合理、有效利用，促进农民创业。第三，土地流转对创业的支持还要注重风险防范和成本核算。土地流转影响因素的估计结果表明，风险和成本是影响农民土地流转的重要因素。因此，土地流转中要加强管理，必要时实行一定程度的管制，降低土地流转的风险和成本，以充分发挥土地流转的创业效应。

第7章　信贷约束对农民创业绩效的影响

7.1　引言

创业一直被认为是提升经济绩效和促进经济增长的核心问题。Romer（1986）和Lucas（1988）等开创的内生增长理论表明，知识积累是边际劳动生产率递增的根源，而创新是知识积累的重要渠道。创新的根本动力来自于企业家精神，创业是企业家精神发挥的重要途径，是创造性破坏过程（Creative Destruction）的关键，是经济发展最重要的驱动要素（Schumpeter，2003）。经济的平均增长率及其方差都是创新的递增函数，竞争性研究部门的垂直创新是经济潜在增长的根源，是内生增长模型的重要因素（Aghion和Howitt，2013；Davis和Haltiwanger，1992）。高水平创新能吸引更多投资，而投资对总收入有显著正向影响（Guzman和Stern，2015）。

创业绩效是指创业者的创新、承担风险以及识别创业机会的能力（Hayton，2003），是创业实践者和研究者共同关注的重要概念（芮正云、史清华，2018）。鉴于其重要性，国内外大量文献从不同的角度关注其影响因素。私募股权投资对私营企业的经营绩效有重要作用，当拥有创业股权的家庭把70%（平均数）以上的私有资产投资于私营企业时，总体回报率和投资于上市公司的报酬差不多（Moskowitz和Vissing，2002）。专利数和特拉华州司法管辖权都能够将创业绩效提高25倍以上，当这两个因素同时起作用时，创业绩效能够提高200倍以上（Guzman和Stern，2015）。在显著性正向作用方面，出资人拥有管理经历对净利润和销售额、中共党员身份对净利润和净资产、担任人大代表和政协委员对净资产所表现的规律相同（陈东，2015）。控制权转让和产权性质对公司绩效有重要影响，国有转民营和民营转国有都能显著提高公司绩效，而国有转国有和民营转民营对公司绩效的提高并不显著（王甄、胡军，2016）。创业企业的联结组合能够提升创业绩效，联合依赖有助于联结主体共同参与价值创造，非对称依赖有利于参与主体提升价值获取能力，这些都会影响创业绩效（韩炜等，2017）。

在众多因素中，资金是影响创业绩效最重要的因素之一。Holtz - Eakin 等（1994）采用多项 Logit 回归模型分析了资金禀赋对创业绩效的影响。研究发现，如果不能筹集到利润最大化条件下的资金额，自身经济实力相对更强的企业家的经营绩效会高得多（每获得 15 万美元遗产资本会提升近 20% 的经营绩效）。基于欧洲公司的调研数据，Klapper 等（2006）的研究表明，完善的金融市场和充分的信贷支持是创业的重要条件，银行信贷和贸易信贷（Trade Credit）是提升金融依赖型企业创业绩效的重要保障。研发投入是企业创新的根本保障，增加研发投入将有助于新产品的技术开发和市场拓展，能够减少收入的不确定性，从而提升企业经营绩效（Ciftci 和 Cready，2011；Pandit 等，2009）。创业绩效在很大程度上依赖于能否获得充足的外部股权融资和债务融资，企业家需要获得借贷资金以实现利润最大化（Ang 等，2010；Brown 等，2018）。凌江怀、胡雯蓉（2012）选取我国广东省 A 股上市公司 407 个样本作为研究对象，多元回归模型的研究结果表明，股权融资能够有效支持战略性新兴产业企业通过规模扩张提高经营绩效。赵德昭（2016）采用顺序 Probit 模型对中西部地区 693 个返乡创业农民问卷调查的基本数据进行了实证研究，结果表明，获得亲朋拆借、政府资助和银行贷款的农民能取得更高的创业绩效。农民自身储蓄难以填补创业资金缺口，能否获得外部资金支持对新企业的存活具有直接影响，外部财务资源的充分支持会深刻影响创业企业的生存和成长绩效（芮正云、史清华，2018）。

通过对现有文献的梳理，我们发现，虽然大量文献研究了资金对创业绩效的影响，但从信贷约束及其异质性视角探讨创业绩效的研究成果非常有限。鉴于此，本书以劳务输出大省江西省的农民为调研对象，在 1028 个有效样本中，选择 2012 ~ 2016 年实施了创业的 399 位农民为样本，深入考察异质性信贷约束对农民创业绩效的影响。本书可能的贡献在于以下几个方面。第一，研究内容的拓展性。我们认为，农民创业过程中不仅在是否受到信贷约束方面存在异质性，而且在信贷约束类型方面也存在异质性。但是，国内有关信贷约束影响效应的最新文献（吴卫星、尹豪，2019；何婧、李庆海，2019；张勋等，2019）没有从异质型的角度进行研究。因此，参考 Boucher 等（2009）、刘西川和程恩江（2009）等经典文献，不仅甄别了样本是否受到信贷约束，而且考察了基于不同信贷约束类型的异质性及其特征，进而研究异质性信贷约束对创业绩效的影响。第二，研究方法的科学性。本书采用内生处理效应模型（Endogenous Treatment Effects Model，ETEM），充分考虑了信贷约束可能存在的内生性以及可观测因素和不可观测因素导致的选择性偏误问题，并用异质性信贷约束对成长绩效的影响结果作稳健性检验。第三，研究成果的现实性。本书丰富了创业（特别是农民创业）的研究内容，采用较为科学的研究方法得出的结论可以为政府、金融机构及创业主体制定和实施相关创业政策提供参考。

7.2 理论基础和研究假设

为探讨异质性信贷约束对创业绩效的作用方向和影响程度，需要先对其中蕴含的理论基础进行分析。资金是影响创业绩效的关键性因素，当创业者自有资金不足而且不能从非正规金融渠道满足资金需求时，能否从正规金融机构获得流动性贷款就显得尤为重要。本章基于信贷均衡模型，通过信贷市场均衡所需条件，推导出本章的研究假设。

Bernhardt（2000）创立了预期利润最大化条件下的信贷均衡模型，得出了该条件下达到均衡时的贷款金额和利率。假设创业初期的项目是可行的，企业家拥有足够的技术水平及相关条件，只是缺乏资金 k，且无法从非正规金融渠道满足资金需求，因此需要从银行获得贷款。单一周期结束时，假定企业家从净现值预期为正（Positive Net Present Value）的创业项目中可获得的收入是 $pf(k)$，其中，$p>0$，是分布函数 $G(p)$ 的随机价格（Stochastic Price）或生产率变化（Productivity Shock）。$f(\cdot)$ 是严格凹[①]的生产技术函数（Classical Production Technology）。企业家和银行都是风险中性（Risk - neutral）的，双方签订有限责任的贷款合同，贷款利率是 r，贷款金额为 k。如果企业家违约，银行将接管创业项目并获取所有创业收益。在有限责任条件下，企业家将获得预期的最大化利润水平为：

① 严格凹的生产函数的标准特征为 $f(0)=0$，$f'(\cdot)>0$，$f''(\cdot)<0$。

$$\max_k E\{\max[0,\ pf(k)-rk]\} \tag{7-1}$$

创业后，企业家往往都以利润最大化作为经营目标。对式（7-1）进行一阶求导，可得：

$$\int_{p\geqslant p^*}[pf'(k^*)-r]\,G_p(dp)=0 \tag{7-2}$$

其中，p^* 是企业家盈亏平衡点的价格，即：$p^*f(k^*)-fk^*=0$；k^* 表示最优资本投入量。如果贷款人违约，k^* 和有效的资本投入量 k^e 是不相等的，k^e 的一阶导数为：

$$\int_p[pf'(k^e)]G_p(dp)\equiv\int_{p\geqslant p^*}pf'(k^e)G_p(dp)+\int_{p<p^*}pf'(k^e)G_p(dp)=1 \tag{7-3}$$

k^* 的一阶导数和式（7-3）是不同的，这可以从贷方均衡方程中求解得到的利率中推导得出，由均衡方程 $\int_{p\geqslant p^*}pf(k^*)\,G_p(dp)+\int_{p<p^*}pf(k^*)\,G_p(dp)=k^*$ 求解得到利率为：$r=\dfrac{k^*-\int_{p<p^*}pf(k^*)\,G_p(dp)}{k^*\int_{p\geqslant p^*}G_p(dp)}$，将其代入式（7-2）可得：

$$\int_{p\geqslant p^*}pf'(k^*)\,G_p(dp)+\int_{p<p^*}pf'(k^*)\,G_p(dp)=1 \tag{7-4}$$

因为 $f(k)/k>f'(k)$，可以得出 $k^*>k^e$。式（7-4）和式（7-3）的区别在于，创业农民可能会由于经营不善甚至破产而导致违约，即使没有违约，也可能会使银行获得更少收益。之所以会出现这种差异，是因为当有机会获得任意数量的贷款时，在市场价格不确定的情况下，企业家最理想的做法是尽可能获得更多的贷款，这样就能在市场行情较好的时候获得更多的收益，而不会考虑市场行情不好时的低收益率。因此，企业家从银行获得的贷款数量要有一个合适的规模（或一个合适的比率）。这个比率可以用企业家受到信贷约束的程度来衡量：

$$\delta=1-\left(\frac{k^e}{k^*}\right)\in[0,\ 1] \tag{7-5}$$

式（7-5）中的 k^e 实际上代表完全竞争市场条件下的信贷均衡水平，同时由于利率水平 $r^e=\dfrac{k^e-\int_{p<p^*}pf(k^*)\,G_p(dp)}{k^e\int_{p\geqslant p^*}G_p(dp)}<r$，因此，$k^e$ 和 r^e 就是均衡水平时的贷款金额和贷款利率，在竞争性的卖方市场，企业家获得所有的剩余。然而，由于创业的固定收益或固定生产成本都存在很大的不确定性，农民往往不能从银

行等金融机构获取利润最大化条件下的贷款金额（受到信贷约束），也就不能从创业活动中获得信贷均衡时的生产者剩余。或者说，如果农民在创业过程中受到信贷约束，其创业绩效就会更差。

因此，本章提出假说1：信贷约束对农民的创业绩效有显著负向影响。

Bernhardt（2000）的信贷均衡模型不仅有助于我们分析信贷约束对创业绩效的影响，而且有助于我们分析不同信贷约束类型对创业绩效的影响。信贷约束会导致创业农民无法获得信贷均衡条件下的所有生产者剩余，那么，如果进一步甄别信贷约束的类型，也就可以论证不同类型的信贷约束同样会导致创业农民无法获得信贷均衡条件下的所有生产者剩余。而且，信贷约束类型不同，生产者剩余的损失程度也不同。

因此，本章提出假说2：各种类型的信贷约束会对农民的创业绩效产生显著的负向影响，但影响程度不一样。

7.3 研究设计

7.3.1 数据来源

本章使用的数据来自课题组于2017年1～3月在江西省进行的随机抽样调查。调查采取分层抽样方法：第一步，将江西省划分为赣北、赣中和赣南三个区域；第二步，以县为基本单位，在赣北区域抽取南昌县和都昌县等13个县（市），在赣中区域抽取分宜县和安福县等12个县，在赣南区域抽取赣县和信丰县等15个县；第三步，每个县随机选取3个乡镇，每个乡镇随机选取3个村，每个村随机选取3位1980年以后出生的农民进行调查，对不在家的农民进行电话采访以及询问当地村干部等方式完成信息采集。总共调研1080个样本，有效问卷1028份。本章考察异质性信贷约束对农民创业绩效的影响，因此采用调研时过去5年有过创业经历的399份样本。江西省是我国传统的农业大省，近几年都是我国农村劳动力外出务工最多的5个省份之一，农民在信贷需求及信贷可获得性方面的差异较大。因此，所用样本适合开展信贷约束与农民创业问题的研究。

7.3.2 变量定义与描述性统计

第一，信贷约束。信贷约束的甄别思路和方法。参照直接诱导法（Direct Elicitation Method，DEM）考察信贷约束（Boucher 等，2009）、刘西川和程恩江（2009）、马九杰和吴本健（2012）、程郁和罗丹（2009）。根据设计的问题调查样本对银行信贷产品的真实需求，判断其借贷行为，分析其信贷需求满足程度。首先，了解农民在过去 5 年是否向银行申请了贷款。其次，将申请者和未申请者又分别划分为两个方面。向申请者设计的问题是“您是否得到银行贷款”和“您是否得到您所申请的全部金额”，如果申请者得到了全部数量，则意味着没有受到信贷约束；若得到部分数额，则受到部分数量约束；若申请者的贷款申请被全盘否定，则受到完全数量约束。再根据样本对“为什么没向银行申请贷款”的回答，判断其是否受到风险型或成本型信贷约束。把不需要申请贷款或得到全部贷款申请额度的情况视为无信贷约束。

信贷约束与否的异质性分析。直接诱导法的甄别结果表明，样本在“是否受到信贷约束”方面具有异质性。如表 7-1 所示，有创业经历的农民共有 399 位，其中，48%（共 192 位）受到信贷约束，52%（共 207 位）没有受到信贷约束。把受到信贷约束的样本赋值为 1，反之为 0。

表 7-1　创业农民的信贷约束及类型异质性　　单位:%

区域	信贷约束				无信贷约束		总计
	部分数量约束	完全数量约束	成本约束	风险约束	得到所需贷款	无贷款意愿	
赣北	5	3	3	4	12	3	30
赣中	7	3	2	2	14	4	32
赣南	9	4	3	3	14	5	38
总计	21	10	8	9	40	12	100
	48				52		

注：样本数为 399，即 1028 个样本中创业的样本总数。

数据来源：调研整理所得。

信贷约束类型的异质性分析。直接诱导法的甄别结果不仅表现在样本是否受到信贷约束具有异质性，还体现在样本所受信贷约束类型存在的异质性特征。在受到信贷约束的群体中，“部分数量约束”类型比例最大，占总体样本的 21%，占受到信贷约束样本总数的近一半。样本中无信贷约束的数量为 207，部分数量型信贷约束、完全数量型信贷约束、成本型信贷约束和风险型信贷约束的样本数分别为 82、42、32 和 36。无信贷约束的群体中，“得到所需贷款”类型最大，占总体样本总数的 40%，占无信贷约束样本总数的 77%。将无信贷约束、部分数量型信贷约束、完全数量型信贷约束、成本型信贷约束和风险型信贷约束设置成5个相互独立的二元离散变量，在模型中将无信贷约束变量作为参照组，考察相对于无信贷约束时，其他4种信贷约束对农民创业绩效的影响。

第二，创业绩效。创业绩效的衡量方法。借鉴朱红根和解春艳（2012）的界定方法，本章的创业主要指从事特色种植养殖业、加工业、小型工矿业、餐饮服务业、运输业、农村旅游业以及经商、创办合作组织或协会的行为。把“创业”界定为过去5年有经营创业实体的行为，也包括有创业行为但没有成功的情况。当前文献衡量创业绩效的指标主要有三类：单一指标和多项指标、财务指标和非财务指标、主观指标和客观指标（郭红东、丁高洁，2013）。鉴于研究目的以及调研数据的特点，本章采用财务指标和成长指标来衡量创业绩效。财务状况是创业者最关注的问题之一，财务绩效是衡量创业绩效最常用的方法。借鉴 Hamilton（2000）、陈东（2015）、赵德昭（2016）等用净利润（Net Profit）考查创业企业财务绩效的办法[①]，本章用利润率作为创业实体财务绩效的代理变量。调查样本在过去5年里创业的总投入金额和总利润，用总利润和总投入金额之比来衡量财务绩效。同时，创业者最了解创业的过程，他们对创业状况的主观评价也能充分反映创业绩效。因此，参考 Covin 和 Slevin（1991）、Cooper 等（1994）、郭红东和丁高洁（2013）等用“对创业目标达成度的主观评价”来测量其创业企业的成长绩效。该指标用 Likert 五标度打分法（非常不满意 =1，非常满意 =5）来度量，赋值越大，表示创业绩效越好。

创业绩效的描述性统计分析。财务绩效的平均数为0.580，最小值为 -1.667，最大值为4。成长绩效的平均数为2.469，标准差为1.219。农民的创业绩效是由其创业特征所决定的。其一，农民创业大多选择风险较小的劳动密集型行业，样本中餐饮、运输、开店及创办合作社这四种创业方式占比近85%。其二，农民创业资金相对有限，投入数量相对较小，创业总投入资金在30万元及以下的占87%，100万元以上的仅占4%。在受到信贷约束的情况下，农民会更加珍惜创业机会，更加重视创业活动，从而努力提升创业绩效。

第三，控制变量。本章使用的控制变量主要是创业农民的人力资本特征变量（包括社会网络、政治参与）、人口特征变量（包括年龄、婚姻状况、受教育年

① Hamilton（2000）的净利润的计算公式为：$revenues_t - expenses_t = draw_t + retainedearnings_t$，t 为年份；陈东（2015）用企业净利润、企业净资产和企业营业收入来衡量企业绩效；赵德昭（2016）用“创业企业利润”来衡量返乡农民的创业绩效，分别用1、2、3、4、5表示返乡创业农民的创业利润在1万~3万元、4万~6万元、7万~9万元、10万~20万元和20万元以上。

限、性格特征等）和地区变量（赣北、赣中和赣南）等。原因在于，这些变量都会影响创业绩效。比如，郭红东、丁高洁（2013）以中国农村地区农民创业者为研究对象的研究表明，社会性关系网络和市场性关系网络都对农民创业绩效的提高发挥了显著的作用，社会性关系网络对农民创业绩效影响更大。陈东（2015）以中共中央统战部等四部门2012年对全国范围内私营企业抽样调研数据为样本，实证检验了私营企业出资人背景、投机性投资与企业绩效之间的关系，私营企业出资人拥有管理经历对净利润和销售额、中共党员身份对净利润和净资产、担任人大代表和政协委员对净资产所表现的规律相同，均有显著性正向影响。因此，以"家庭是否有成员是中共党员、村干部、人大代表或政协委员等"来衡量政治参与状况，并将其设置为二元离散变量。在人口特征变量中，年龄和受教育程度会影响创业知识水平和结构，婚姻状况会激励创业者加强经营管理以承担更重的家庭责任，性格特征会影响人们对创业风险的承受意愿。本章计量模型所用变量的描述性统计如表7－2所示。

表7－2 变量的描述性统计

变量名称	变量含义和赋值	均值	标准差
投入资金总额	创业的总投入资金（万元）	20.896	40.411
利润	创业的总利润（万元）	7.955	18.965
财务绩效	总利润/投入资金总额	0.580	0.635
成长绩效	对创业目标达成度的主观评价，Likert五标度法：非常不满意＝1；不满意＝2；一般＝3；满意＝4；非常满意＝5	2.469	1.219
是否受到信贷约束	受到信贷约束值为1，反之为0	0.481	0.500
部分数量型信贷约束	受到部分数量型信贷约束赋值为1，反之为0	0.206	0.405
完全数量型信贷约束	受到完全数量型信贷约束赋值为1，反之为0	0.105	0.307
成本型信贷约束	受到成本型信贷约束赋值为1，反之为0	0.080	0.272
风险型信贷约束	受到风险型信贷约束赋值为1，反之为0	0.090	0.287
社会网络	在春节等重大节日或亲朋好友家有小孩出生、嫁娶及乔迁等重大事件时，每年送人情礼金额。大于平均数表示强社会网络，赋值为1，反之为0	0.551	0.498
最小距离	农民居住地与最近银行、信用社、邮政储蓄银行等正规金融机构的距离（公里）	2.785	1.690

续表

变量名称	变量含义和赋值	均值	标准差
政治参与	家庭是否有成员是中共党员、村干部、人大代表或政协委员等，有赋值为1，反之为0	0.446	0.498
年龄	岁	30.892	3.981
性别	男性赋值为1，反之为0	0.930	0.256
婚姻	已婚赋值为1，反之为0	0.642	0.480
受教育程度	文盲 =0；小学 =5；初中 =8；高中 =11；大专及以上 =14	6.198	3.167
冒险型	属于冒险型性格特征赋值为1，反之为0	0.256	0.437
适中型	属于适中型性格特征赋值为1，反之为0	0.554	0.498
保守型	属于保守型性格特征赋值为1，反之为0	0.190	0.393
赣北	赣北区域赋值为1，反之为0	0.343	0.475
赣中	赣中区域赋值为1，反之为0	0.304	0.460
赣南	赣南区域赋值为1，反之为0	0.353	0.479

注：样本为有过创业经历的399位农民。

数据来源：调研整理所得。

有、无信贷约束样本变量的均值差异。表7-3统计了没有受到信贷约束和受到信贷约束的两组样本的主要相关变量的均值和差异。经比较发现，在1%的显著性水平上，没有受到信贷约束的创业农民的财务绩效要高29%，“社会网络”“政治参与”和“受教育年限”等变量的均值差异也在1%水平上显著为正。相对信贷约束的创业农民，无信贷约束的创业农民拥有强社会网络的比例高约21%，他们家庭成员为中共党员、村干部、人大代表或政协委员的比例高近19%，他们的受教育年限要多约1年。“最小距离”变量在1%水平上显著为负，说明相对没有受到信贷约束的样本，受到信贷约束的样本的家庭居住地和最近银行的距离大约半公里。“婚姻”变量在5%水平上显著为负，说明受到信贷约束的创业农民的结婚比例更低。尽管两组样本的财务绩效、社会网络和政治参与等变量的均值存在显著差异，但这些信息并不能说明这些差异就是信贷约束引起的。要准确论证信贷约束对创业农民财务绩效的影响，必须充分考虑到样本的“自选择”导致的有偏估计。因此，本章采用较为科学的内生处理效应模型进行实证研究。

表 7-3　无信贷约束和信贷约束两组样本相关变量的均值和差异

变量	无信贷约束（n = 207）	信贷约束（n = 192）	差异	t 值
财务绩效	0.720	0.430	0.290***	4.685
社会网络	0.652	0.443	0.209***	4.289
政治参与	0.536	0.349	0.187***	3.819
最小距离	2.547	3.042	-0.495***	-2.950
年龄	31.039	30.734	0.304	0.762
性别	0.923	0.938	-0.015	-0.577
婚姻	0.585	0.703	-0.119**	-2.481
受教育年限	6.681	5.677	1.004***	3.201
冒险型性格特征	0.275	0.234	0.041	0.936
中间型性格特征	0.546	0.563	-0.017	-0.333
保守型性格特征	0.179	0.203	-0.024	-0.618

注：***、** 和 * 分别表示在 1%、5% 和 10% 水平上显著。

7.3.3　计量模型

本章充分考虑了可观测因素和不可观测因素导致的选择性偏误的内生处理效应模型来研究信贷约束对农民创业财务绩效的影响。假设农民创业财务绩效Y_i是相关解释变量X_i和创业农民信贷约束C_i（二元离散变量）的线性函数，则农民创业财务绩效可表示为：

$$Y_i = \alpha X_i + \gamma C_i + \varepsilon_i \tag{7-6}$$

式（7-6）为结果方程。其中，Y_i表示农民创业财务绩效，用总利润与投入资金总额来衡量；X_i为影响农民创业财务绩效的相关因素；C_i表示创业农民是否受到信贷约束；α 和 γ 表示待估计系数向量，ε_i是随机误差项。

假定创业农民受到信贷约束时的潜在收益为C_A^*，没有受到信贷约束的预期收益为C_N^*。当$C_A^* < C_N^*$时，农民就会放弃向正规金融机构申请贷款。现实中创业农民受到信贷约束和没有受到信贷约束的预期收益是无法预测的，需要借助以下方程来考察其信贷约束行为：

$$C_i^* = \beta Z_i + \mu_i,\ C_i = \begin{cases} 1, & 如果C_i^* > 0 \\ 0, & 如果C_i^* \leqslant 0 \end{cases} \tag{7-7}$$

式（7－7）为选择方程。其中，C_i^*是无法观测的潜变量，在实际调研中可以通过直接诱导法甄别农民是否受到信贷约束。受到信贷约束时，C_i赋值为1；无信贷约束时，C_i赋值为0。Z_i是衡量农民是否受到信贷约束的相关变量，如人口特征变量、人力资本特征变量和地区变量等；β是待估计系数向量；μ_i是误差项，是衡量创业农民是否受到信贷约束的不可观测变量（如农民申请贷款时的谈判能力等）。式（7－7）表明，如果衡量样本是否受到信贷约束的变量（C_i）是外生的，就可以直接利用OLS模型得到信贷约束对农民创业绩效影响的无偏估计。但是，创业农民是否申请贷款是一种“自选择”（Self－selection）行为，并不是随机的，是多种因素共同作用的结果。创业农民可能会基于预期利润最大化而申请贷款，金融机构可能会出于风险而惜贷。另外，式（7－6）中的误差项（ε_i）和式（7－7）的误差项（μ_i）包含的不可观测因素可能同时影响农民创业财务绩效。如果两个误差项有相关性，即$corr(\mu_i,\ \varepsilon_i)\neq 0$，那么使用OLS模型估计方程（7－6）得到的系数是有偏误的。内生处理效应模型能够同时对选择方程（7－7）和结果方程（7－6）进行估计（Cong和Drukker，2000），能够采用控制方程方法（Control Function Approach）将通过选择方程回归得到的“逆米尔斯比率”（Inverse Mill's Ratio，IMR）作为选择性偏误项（Selectivity Terms）加入到结果方程中，尽可能消除可观测和不可观测因素引起的选择性偏误（Wooldridge，2015）。基于双变量联合密度函数，受到信贷约束的创业农民i的财务绩效的条件期望可表达如下：

$$E(Y_i \mid C_i=1)=\alpha X_i+\gamma+E(\varepsilon_i \mid C_i=1)=\alpha X_i+\gamma+\rho_{\varepsilon\mu}\sigma_{\varepsilon\mu}\frac{\phi(\lambda Z_i)}{\Phi(\lambda Z_i)} \tag{7-8}$$

其中，$\phi(\cdot)$和$\Phi(\cdot)$分别是服从标准正态分布的概率密度函数和累计分布函数，两者之比即逆米尔斯比率；$\sigma_{\varepsilon\mu}$是式（7－6）的误差项ε_i和式（7－7）误差项μ_i的协方差。$\rho_{\varepsilon\mu}$是两个方程误差项的相关系数，如果具备统计意义上的显著性，表明存在不可观测因素导致的选择性偏误问题，在估计信贷约束对农民创业财务绩效的影响时，内生处理效应模型要优于OLS模型。α和γ为待估计系数。类似地，无信贷约束的创业农民i的财务绩效的条件期望为：

$$E(Y_i \mid C_i=0)=\alpha X_i+E(\varepsilon_i \mid C_i=0)=\alpha X_i-\rho_{\varepsilon\mu}\sigma_{\varepsilon\mu}\frac{\phi(\lambda Z_i)}{1-\Phi(\lambda Z_i)} \tag{7-9}$$

根据式（7－8）和式（7－9）的条件期望，信贷约束对农民创业财务绩效的平均处理效应（ATE）可根据下式计算：

$$ATE=\frac{1}{N}\sum_{i=1}^{N}\left[E(Y_i \mid C_i=1)-E(Y_i \mid C_i=0)\right] \tag{7-10}$$

为了更好地区别结果方程和选择方程，内生处理效应模型要求选择方程中至少要有一个工具变量不能出现在结果方程中。参考程郁、罗丹（2010）采用“农户与最近的金融机构的距离”作为信贷约束工具变量的方法，选择“农民居住地与最近银行、信用社、邮政储蓄银行等正规金融机构的距离”作为工具变量，该距离可能影响农民对信贷产品的认知，从而影响信贷交易成本，但对农民创业财务绩效并没有直接影响。

7.4 实证估计结果及分析

7.4.1 信贷约束对创业财务绩效的估计结果与分析

第一，内生处理效应模型的适用性检验。内生处理效应模型要求使用有效的工具变量，本书使用两种方法检验内生处理效应模型中工具变量的有效性。方法一，弱工具变量检验。在 Stata/SE 15.0 软件中使用 ivreg2 命令进行回归，得到 Cragg－Donald Wald F 统计量和 Kleibergen－Paap Wald rk F 统计量分别为 17.856 和 18.542，两者均大于 10，因此不是弱工具变量。方法二，显著性检验。用 Probit 模型估算选择方程，结果表明工具变量对信贷约束具有统计意义上的显著性。用 OLS 模型估算结果方程，发现工具变量对创业财务绩效没有显著影响①。因此，该工具变量是有效的。

借助 Stata/SE 15.0 软件，得到如表 7－4 所示的信贷约束对农民创业财务绩效的估计结果。结果表明，Wald 内生性检验在 1% 水平下显著，说明拒绝了选择方程（信贷约束方程）和结果方程（财务绩效方程）相互独立的原假设。选择方程和结果方程的残差的相关系数在 5% 水平下显著为正，表明模型确实存在正向的选择性偏误（Cong 和 Drukker，2000），意味着创业财务绩效高于平均水平的创业农民受到信贷约束的概率更大。可能的原因是，相比较而言，财务绩效更高的创业农民经营管理能力更强，对资金的需求更大，资金缺口也更大，受到信贷约束的可能性就会越高。此外，正向的选择性偏误说明 OLS 模型的回归结果会低估信贷约束对农民创业绩效的影响。表 7－4 最后一列 OLS 模型的估计结果中，

① OLS 模型的结果中，距离变量的系数是 0.035，t 值为 2.43；Probit 模型中，距离变量的系数是 －0.013，t 值是 －0.77。

信贷约束变量的系数为 -0.148，其绝对值比内生处理效应模型的估计系数的绝对值小很多，这与理论分析是一致的。原因在于，OLS 模型估计时没有充分考虑样本的自选择问题，所使用的样本不是随机性样本。另外，OLS 模型没有充分考虑不可观测变量（如创业农民的企业家才能等）。而内生处理效应模型恰好充分考虑了样本的自选择以及可观测因素和不可观测因素导致的选择性偏误问题。总之，本书采用内生处理效应模型是合适的。

表 7-4 信贷约束对农民创业财务绩效影响的估计结果

	ETEM（内生处理效应模型）		OLS
	选择方程 （因变量：信贷约束）	结果方程 （因变量：财务绩效）	（因变量：财务绩效）
信贷约束	—	-0.938*** (0.148)	-0.148** (0.060)
社会网络	-0.559*** (0.135)	0.061* (0.067)	0.220*** (0.059)
政治参与	-0.341** (0.137)	0.248*** (0.070)	0.355*** (0.059)
年龄	-0.023 (0.017)	-0.003 (0.009)	0.004 (0.008)
性别	0.227 (0.241)	-0.093 (0.130)	-0.145 (0.115)
婚姻	0.344** (0.153)	0.221*** (0.080)	0.106* (0.063)
受教育年限	-0.030 (0.022)	0.031** (0.013)	0.043*** (0.009)
冒险型	-0.080 (0.183)	-0.028 (0.083)	0.002 (0.086)
中间型	0.091 (0.167)	0.066 (0.082)	0.052 (0.075)
赣北	-0.051 (0.161)	0.192** (0.083)	0.215*** (0.070)
赣中	-0.486*** (0.166)	-0.082 (0.084)	0.058 (0.071)

续表

	ETEM（内生处理效应模型）		OLS
	选择方程 （因变量：信贷约束）	结果方程 （因变量：财务绩效）	（因变量：财务绩效）
距离对数	0.153 * （0.091）	—	-0.023 （0.044）
常数项	0.849 （0.658）	0.656 ** （0.315）	-0.038 （0.287）
残差相关性 ath（$\rho_{\varepsilon\mu}$）	—	0.960 *** （0.225）	
残差协方差 ln（$\sigma_{\varepsilon\mu}$）	—	-0.421 *** （0.111）	—
Wald Test of Indep. Eqns.	—	18.20 ***	—
Log pseudo likelihood		-566.264 ***	
样本数		399	

注：***、**和*分别表示在1%、5%和10%的水平上显著。

第二，信贷约束对农民创业财务绩效影响的回归结果与分析。内生处理效应模型中，信贷约束变量的系数为-0.938，在1%统计水平上显著。这表明，在其他情况不变的情况下，相对于无信贷约束的创业农民，受到信贷约束的农民创业财务绩效低93.8%，本章的假设1得到验证。信贷约束意味着创业农民无法获取到信贷均衡条件下的贷款额度，无法保证创业活动的顺利实施，最终降低了财务绩效。内生增长理论认为，产出是资本和劳动力的函数，在劳动力供应相对不变的条件下，要想获得规模经济，资本的边际收益就特别重要（Romer，1986）。实证研究表明，融资困难是中小企业在发展中遇到的最大障碍（Pissaride 等，2003），融资环境是影响中小企业发展的最重要环境，是影响返乡农民创业绩效的重要因素（朱红根、解春艳，2012）。财务资源对农民创业绩效起着关键作用，农民面临严峻的创业生存困境的主要原因之一是财务资源的缺乏（芮正云、史清华，2018）。

内生处理效应模型的估计结果还表明，如果能够充分缓解创业农民的信贷约束，其财务绩效将提升约45%（0.9380.481 =0.451）。该差异的大小不仅取决于信贷约束对农民创业财务绩效的影响效应，而且取决于样本信贷约束的比例。比例越大，充分缓解信贷约束对农民创业财务绩效影响的作用越大，说明缓解信贷约束对提升农民创业财务绩效的重要作用。这与许多学者最新的研究结论是一致的。何婧、李庆海（2019）实证检验了数字金融的使用能够通过信贷约束缓解机制影响创业绩效。张勋等（2019）的研究结果也表明，数字金融的发展有助于促进低物质家庭的创业。

7.4.2 信贷约束类型对创业财务绩效的回归结果及分析

表7-5统计了信贷约束类型对农民创业财务绩效影响的边际效应。采用控制方程方法，在第一阶段用Logistic模型考察影响创业农民受到信贷约束的影响因素，同时预测逆米尔斯比率，再将该比率加入第二阶段以“财务绩效”为因变量的OLS回归模型中，并估算其边际效应。模型（1）仅包含“社会网络”和“政治参与”两个人力资本特征控制变量，模型（2）还控制了人口特征变量，模型（3）在模型（2）的基础上增加了地区变量。以模型（3）为例，其回归结果表明，相比无信贷约束的创业农民，受到部分数量型信贷约束的农民创业财务绩效要低16%，并在5%的水平下显著；受到完全数量型信贷约束的农民创业财务绩效低34%，并在1%的水平下显著；受到成本型信贷约束的农民创业财务绩效低15%，但该影响不显著；受到风险型信贷约束的农民创业财务绩效低26%，并在5%的水平下显著。该研究结果表明，虽然不同信贷约束类型对农民创业财务绩效都有负向影响，但影响程度并不一样，本章的假设2得到验证。该研究结果还表明，虽然缓解各类信贷约束都能提升农民创业财务绩效，但政府和金融机构在制定和实施差异化的信贷政策时应重点关注受到完全数量型信贷约束、风险型信贷约束和部分数量型信贷约束的创业农民。

表7-5 信贷约束类型对财务绩效影响的边际效应

解释变量	被解释变量：财务绩效		
	模型（1）	模型（2）	模型（3）
部分数量型信贷约束	-0.187** (0.082)	-0.171** (0.079)	-0.158** (0.079)
完全数量型信贷约束	-0.357*** (0.105)	-0.361*** (0.100)	-0.340*** (0.100)
成本型信贷约束	-0.160 (0.125)	-0.155 (0.120)	-0.152 (0.119)
风险型信贷约束	-0.304*** (0.110)	-0.244** (0.106)	-0.262** (0.105)

续表

解释变量	被解释变量：财务绩效		
	模型（1）	模型（2）	模型（3）
IMR	0.426*** (0.111)	0.318** (0.130)	0.487*** (0.151)
是否控制关键变量	是	是	是
是否控制个人特征变量	否	是	是
是否控制地区变量	否	否	是
Prob. > F	0.000	0.000	0.000
R - squared	0.273	0.354	0.373

注：①***和**分别表示在1%和5%的统计水平下显著，括号内为标准差；②关键变量为社会网络和政治参与，个人特征变量为户主年龄、性别、婚姻状况、受教育年限和性格特征；③样本数为399；④IMR为逆米尔斯比，下同。

7.5 稳健性检验

前文采用内生处理效应模型实证研究了信贷约束对农民创业财务绩效的影响。本部分变换创业绩效的衡量方法，以Likert五标度打分法调查“创业目标达成度”的满意度（非常不满意=1，不满意=2，一般=3，满意=4，非常满意=5)，用以衡量农民创业成长绩效，实证研究信贷约束对农民创业成长绩效的影响，作为稳健性检验。因为成长绩效是多元离散变量，所以采用顺序逻辑回归(Ordered Logistic Regression)。鉴于信贷约束可能存在的内生性，采用控制方程方法结合顺序逻辑回归模型进行实证研究。即先估计信贷约束的因素影响，得到逆米尔斯比率，再把该比率加入顺序逻辑回归模型中，尽可能处理信贷约束变量的内生性以及可观测因素和不可观测因素导致的选择性偏误问题，得出更合理的估计结果。

7.5.1 稳健性检验1：信贷约束对农民创业成长绩效的影响

信贷约束对农民创业成长绩效影响的回归结果如表7-6所示。表7-6中的模型（4）仅包含社会网络和政治参与两个关键控制变量，模型（5）还控制了年龄、性别及受教育程度等人口特征变量，模型（6）在模型（5）的基础上增加了地区变量。表7-5的回归结果表明，信贷约束对农民创业成长绩效有显著负向影响，进一步验证了假设1。模型（6）中信贷约束变量的系数（-0.335）表明，在控制了相关变量后，相对于没有受到信贷约束的农民，受到信贷约束的农民创业成长绩效要显著更低（对创业目标达成度的主观评价下降一级的概率会显著下降），表明信贷约束对农民创业成长绩效有显著负向影响，缓解农民信贷约束有利于提升其创业成长绩效。该结果与信贷约束对农民创业财务绩效的影响是一致的。

表7-6 信贷约束对成长绩效影响的顺序逻辑回归结果

解释变量	被解释变量：成长绩效		
	模型（4）	模型（5）	模型（6）
信贷约束	-0.321* (0.197)	-0.333* (0.197)	-0.335* (0.197)
社会网络	0.872*** (0.232)	0.857*** (0.265)	0.667* (0.369)
政治参与	0.410* (0.221)	0.421* (0.233)	0.284 (0.297)
IMR	0.741* (0.422)	0.842 (0.557)	1.393 (0.907)
是否控制个人特征变量	否	是	是
是否控制地区变量	否	否	是
Prob. > chi2	0.000	0.000	0.000
Pseudo R^2	0.052	0.054	0.055

注：人口特征变量为户主年龄、性别、婚姻状况、受教育年限和性格特征。

7.5.2 稳健性检验2：信贷约束类型对农民创业成长绩效的影响

信贷约束类型对农民创业成长绩效影响的回归结果如表7-7所示。不同类型信贷约束对农民创业成长绩效有负向影响，但影响程度并不一样，进一步验证了假设1和假设2。模型（9）控制了人力资本变量、人口特征变量和地区变量，结果表明，部分数量型信贷约束和成本型信贷约束对农民创业成长绩效有显著的负向影响。相比无信贷约束的创业农民，受到部分数量型信贷约束和成本型信贷约束的农民创业成长绩效显著更低。另外，完全数量型信贷约束和风险型信贷约束对农民创业成长绩效有负向影响，但影响不显著。该稳健性检验结果表明，不同类型信贷约束对农民创业成长绩效影响和对农民创业财务绩效的影响比较一致。

表 7 -7　信贷约束类型对成长绩效影响的边际效应

解释变量	被解释变量：成长绩效		
	模型（7）	模型（8）	模型（9）
部分数量型信贷约束	-0.388 (0.253)	-0.432 * (0.255)	-0.424 * (0.254)
完全数量型信贷约束	-0.062 (0.316)	-0.029 (0.316)	-0.005 (0.320)
成本型信贷约束	-1.030 *** (0.372)	-1.037 *** (0.375)	-1.150 *** (0.379)
风险型信贷约束	-0.126 (0.335)	-0.073 (0.341)	-0.009 (0.347)
IMR	1.530 *** (0.362)	2.029 *** (0.445)	3.075 *** (0.556)
是否控制关键变量	是	是	是
是否控制个人特征变量	否	是	是
是否控制地区变量	否	否	是
Prob. > chi2	0.000	0.000	0.000
Pseudo R^2	0.046	0.060	0.061

注：①*** 表示在 1% 水平上显著，括号内为系数估计值的标准误；②模型中的关键变量有社会网络和政治参与，个人特征变量（户主年龄、性别、婚姻状况、受教育年限和性格特征）；③样本数为 399。

7.6　研究结论与政策建议

本章以传统劳务输出大省江西省实施了创业的 399 位农民为样本，甄别了信贷约束及其类型，统计分析了农民创业财务绩效和创业成长绩效，进而实证研究了异质性信贷约束对创业绩效的影响。主要研究结论如下：第一，统计分析表明，48%的样本受到信贷约束。第二，信贷约束会显著降低农民创业财务绩效。内生处理效应模型的估计结果表明，相比无信贷约束的样本，受到信贷约束的农民创业财务绩效低 94%，充分缓解创业农民的信贷约束能够提升其财务绩效约 45%。第三，不同信贷约束类型对农民创业财务绩效的影响不一样。采用控制方程方法、OLS 模型的回归结果表明，完全数量型信贷约束、风险型信贷约束和部分数量型信贷约束显著降低农民创业财务绩效的比例分别为 34%、26% 和 16%。第四，异质性信贷约束对农民创业成长绩效的稳健性检验结果也表明了信贷约束对农民的创业绩效有负向影响。

本章对预期利润最大化的信贷均衡模型进行了实证检验，对政府、金融机构和创业主体制定和实施相关创业政策具有重要的现实意义。首先，政府应该为农民创业给予更充分的信贷政策支持。农民创业正在经历从小到大、由弱变强的过程，在创新发展及经济增长等方面有突出贡献，是脱贫攻坚的重要措施。良好的信贷政策在提高农民创业绩效的同时，还能进一步促使广大农民企业家承担更多的社会责任，以增加更多就业机会，带动更多农民增收。要充分发挥货币政策功能，增加农民创业再贷款和再贴现额，鼓励“降准”释放的流动性适当投入到农民创业中。其次，银行等金融部门要增加对农民创业的信贷供给。要为受到不同信贷约束类型的创业农民提供差别化的信贷产品，重点关注受到完全数量型信贷约束、风险型信贷约束和部分数量型信贷约束的创业农民，要积极拓宽其融资渠道，加快建立信用担保体系，不断提高其贷款占比。最后，在创业过程中，农民自身要努力缓解信贷约束，从而提升创业绩效。不断提升社会网络和政治参与水平，主动了解创业方面的信贷政策，积极普及金融知识，提高征信水平，扩大担保范围，以获取更多信贷支持，进而提升创业绩效。

第 8 章　社会网络对农民创业绩效的影响

8.1　引言

长期以来，创业一直被视为影响经济增长的关键因素。研究表明，企业家才能的发挥能够促进经济增长（Manev 等，2005；Yu 和 Wang，2019）。在城市经济学文献中，城市被认为是富有多样性（Ottaviano 和 Peri，2005；Ratna、Grafton 和 To，2017）的创意中心（Florida 等，2006），能够通过创新、知识溢出和提高生产率来促进经济增长。然而，当前对农民创业的研究还比较少。据报道，尽管城市人口增长迅猛，但农村人口仍约占总人口的 41.48%（《中国统计年鉴 2018》）。有趣的是，城市人口增长率从 1990 年的 4.3% 下降到 2017 年的 2.7%（世界银行，2019）。2014 年开始的“大众创业、万众创新”政策被视为中国经济增长的重要举措，引起了广大学者对农民创业的广泛关注。

创业绩效体现了企业家激发创新、承担风险和创业能力（Hayton，2003）。许多文献研究了创业绩效的影响因素。公司名称特征、注册表格和知识产权对创业绩效有显著正向影响（Guzman 和 Stern，2015）。陈东（2015）的研究结果表明，拥有其他企业的管理经验、中共党员身份和投机性投资对创业净利润有显著的正向影响。国外的研究表明，社会网络是企业主与客户、供应商、合作伙伴、机构建立关系所需的重要因素，能够积极影响创业绩效（Stam 等，2014；Xie 和 Lv，2016；Wickramaratne 等，2017）。那么，在“双创”政策指引下，一些农民创业后，社会网络对其创业绩效的影响又是怎么样的？

采用江西省 399 位有创业经历的农民的微观数据，在考虑了社会网络的内生性后，本章考察社会网络对农民创业财务绩效和成长绩效的影响和作用机理。本书对提升促进农民就业以及农村产业振兴等具有重要的现实意义。

8.2 文献综述与研究假设

8.2.1 文献综述

社会网络是建立在具有相似背景的个体之间的社会联系之上的，家庭成员关系或具有相同种族的人际关系是社会网络形成的基础。Szreter 和 Woolcock（2004）认为社会网络是建立在特定社会关系之上的，即与来自不同社会背景人的社会关系，反映了人们在政治参与或制度权力等方面的差异性。

社会网络能够影响农民创业。然而，研究结果表明，该影响并不是一致的。一方面，有些研究认为，社会网络对创业有显著促进作用。社会网络增强了创业者获得金融资本、商业信息和潜在客户的机会（Aarstad、Haugland 和 Greve，2010；Batjargal，2003；Cao 等，2018；Chen、Zhou 和 Wan，2016；Nouhoheflin 等，2017）。社会网络提供的资源可以极大地提高新创企业生存和成长的潜力（Chen 等，2017；Santarelli 和 Tran，2013；Xie 和 Lv，2016）。社会网络的可获得性提高了农民创业的可能性（Bauernschuster 等，2010；Poon 等，2012），农民拥有的社会网络越多，创业可能性越大，创业业绩也越好（马光荣、杨恩艳，2011）。Fafchamps（2002）通过对马达加斯加、马拉维和贝宁的样本进行了研究，结果发现，拥有更强社会网络的创业者可以通过降低交易成本提高农业贸易效率。Batjargal（2003）在研究俄罗斯创业者时发现，社会网络和关系信任的强度对企业的财务绩效有积极的影响。社会网络的强弱会影响要素禀赋的获取能力，从而影响创业者的利润。同样，Stam 等（2014）的研究表明，社会网络对规模较小的创业企业的创业绩效有显著正向影响。Dai 等（2015）的研究表明，外部社会网络（与其他公司或机构的关系）对中国酒店企业的创业财务绩效有正向影响，而内部社会网络（企业内部联系）对创业财务绩效没有直接影响。Bailey 等（2016）发现，与外部投资者的政治联系提高了企业的财务绩效，而企业内部社会网络则导致财务绩效下降。

另一方面，也有研究表明社会网络对创业绩效没有显著影响。对中国风险资本市场的研究发现，社会网络与财务绩效之间没有联系（Cao 等，2018）。此外，Zhang 和 Fung（2006）研究了中国民营企业后发现社会网络对企业财务绩效没有显著影响。同样，在对埃及女性企业家的研究中，Welsh 等（2018）发现女性社会网络与企业财务绩效之间没有显著联系。

8.2.2 研究假设

社会网络使创业者能够从朋友和家庭成员获取创业方面的信息，能够帮助创业者识别创业机会和创业风险，并获得有关创业企业经营管理方面的信息，从而提高创业绩效（Poon 等，2012）。Granovetter（1982）关于"社会网络强度"的经典文献也提出了类似的观点。人们不仅能够从社会网络方面获得创业方面的相关信息，还能够通过社会网络获得影响力来提高创业绩效（Bailey 等，2016）。根据该分析框架，本章提出研究假设，社会网络能提高农民创业绩效。

8.3 研究设计

8.3.1 数据来源

本章使用的数据来自课题组于 2017 年 1 ~ 3 月在江西省进行的随机抽样调查。调查采取分层抽样方法：第一步，将江西省划分为赣北、赣中和赣南三个区域；第二步，以县为基本单位，在赣北区域抽取南昌县和都昌县等 13 个县（市），在赣中区域抽取分宜县和安福县等 12 个县，在赣南区域抽取赣县和信丰县等 15 个县；第三步，每个县随机选取 3 个乡镇，每个乡镇随机选取 3 个村，每个村随机选取 3 位 1980 年以后出生的农民进行调查，对不在家的农民进行电话采访以及询问当地村干部等方式完成信息采集。总共调研 1080 个样本，有效问卷 1028 份。本章考察社会网络对农民创业绩效的影响，因此，采用调研时过去 5 年有过创业经历的 399 个样本。江西省是我国传统的农业大省，客家文化源远流长、丰富多彩，农民在社会网络方面的差异较大。因此，所用样本适合开展社会网络与创业问题的研究。

8.3.2 变量设计和描述性统计

创业绩效的衡量方法。借鉴朱红根、解春艳（2012）的界定方法，将创业定义为农民从事特色种植养殖业、加工业、小型工矿企业、餐饮服务业、运输业、农村旅游业以及经商、创办合作组织或协会的行为。把创业界定为过去5年有任何经营创业实体的行为，既包括创业成功的情况，也包括有创业行为但未成功的情况。当前文献衡量创业绩效的指标主要有三类：单一指标和多项指标、财务指标和非财务指标、主观指标和客观指标（郭红东、丁高洁，2013）。鉴于研究目的以及调研数据的特点，采用财务指标和成长指标来衡量创业绩效。财务状况是创业者最关注的问题之一，财务绩效是衡量创业绩效最常用的方法。借鉴 Hamilton（2000）、陈东（2015）、赵德昭（2016）等用净利润（Net Profit）考察创业企业财务绩效的办法①，采用样本农民在过去5年里创业的总利润与总投入资金总额之比来衡量财务绩效。同时，创业者最了解创业过程，他们对创业目标的主观评价也能从一个侧面反映创业绩效。因此，参考 Covin 和 Slevin（1991）、Cooper 等（1994）、郭红东和丁高洁（2013）等的研究，用“对创业目标达成度”的满意度来测量农民创业成长绩效。该指标用 Likert 五标度打分（非常不满意 =1，非常满意 =5）来度量，赋值越大，表示创业成长绩效越高。

社会网络的衡量方法。在重大日子或重大节日给亲戚或朋友送人情礼是人们表达感情的重要方式，因此，参考马光荣、杨恩艳（2011）和郭红东、丁高洁（2013）等的做法，使用“在春节等重大节日或亲朋好友家有小孩出生、嫁娶及乔迁等重大事件时，每年送人情礼金额”来衡量社会网络。

政治参与的衡量方法。在当前经济社会环境下，人们社会网络的联结也体现在创业者的政治参与上。陈东（2015）的研究表明，中共党员身份以及担任人大代表和政协委员对创业绩效有显著的正向影响。因此，本章以“家庭是否有成员是中共党员、村干部、人大代表或政协委员等”衡量创业农民的政治参与，设置成二元离散变量。

信贷约束的衡量方法。信贷可获得性是创业企业成立和创业企业绩效提高的重要条件（Klapper 等，2006）。创业企业的经营业绩在很大程度上取决于企业能否获得足够的外部股权融资和债务融资。没有充分的信贷支持，创业者就很难取得很好的创业绩效（Brown 等，2018）。获得信贷也有助于研发投入，这是企业业务增长的基本决定因素（Ciftci 和 Cready，2011）。本章和前一章一样，参照

---

① Hamilton（2000）的净利润的计算公式为：$revenues_t - expenses_t = draw_t + retained - earnings_t$，t 为年份；陈东（2015）用企业净利润、企业净资产和企业营业收入来衡量企业绩效；赵德昭（2016）用“创业企业利润”来衡量返乡农民的创业绩效，分别用1、2、3、4和5表示返乡创业农民的创业利润在1万~3万元、4万~6万元、7万~9万元、10万~20万元和20万元以上。

Boucher等（2009）以及刘西川、程恩江（2009）等的直接诱导法（Direct Elicitation Method，DEM）考察信贷约束及其类型。由于创业绩效也会受到社会和人口因素的影响，所以将受教育程度、年龄、性别和婚姻状况作为控制变量。此外，我们还考虑了农民的风险偏好，因为更具有冒险精神和更强的风险承受能力的企业家可能会取得更好的创业绩效（Hurst和Lusardi，2002）。

表8－1统计了变量的含义和描述性统计。创业绩效的描述性统计分析。财务绩效变量的均值为0.580，最小值为－1.667，最大值为4。成长绩效的均值为2.469，标准差为1.219。农民的创业绩效是由其特定特征所决定的。第一，农民创业大多选择风险较小的劳动密集型行业，样本中从事餐饮服务业、运输业、经商、创办合作社或协会这四种创业方式占比近85%。第二，农民创业资金相对有限，投入数量相对较小，创业总投入资金在30万元及以下的占87%，在100万元以上的仅占4%。在受到信贷约束的情况下，农民会更加珍惜创业机会，更加重视经营管理，以提升创业绩效。人情礼支出金额均值为4510元，最小值为0，最大值为50000元。政治参与的统计表明，样本中共178位农民家中有成员是中共党员、村干部、人大代表或政协委员等，占总样本数的44.6%。

表8－1　变量含义和描述性统计

变量名称	变量含义和赋值	均值	标准差
投入资金总额	创业的总投入资金（万元）	20.896	40.411
利润	创业的总利润（万元）	7.955	18.965
财务绩效	总利润/投入资金总额	0.580	0.635
成长绩效	对创业目标达成度的主观评价，采用Likert五标度法：非常不满意＝1；不满意＝2；一般＝3；满意＝4；非常满意＝5	2.469	1.219
社会网络	在春节等重大节日或亲朋好友家有小孩出生、嫁娶及乔迁等重大事件时，每年送人情礼金额（千元）	4.510	7.568
政治参与	家庭有成员是中共党员、村干部、人大代表或政协委员等赋值为1，反之为0	0.446	0.498
信贷约束	受到信贷约束赋值为1，反之为0	0.481	0.500
年龄	岁	30.892	3.981
性别	男赋值为1，反之为0	0.930	0.256
婚姻状况	已婚赋值为1，反之为0	0.642	0.480

续表

变量名称	变量含义和赋值	均值	标准差
小学及以下学历	小学没毕业或小学毕业赋值为1，反之为0	0.019	0.071
初中学历	初中毕业赋值为1，反之为0	0.579	0.494
高中学历	高中毕业赋值为1，反之为0	0.231	0.422
大专学历	大专毕业赋值为1，反之为0	0.083	0276
本科及以上学历	获得本科及以上学历赋值为1，反之为0	0.088	0.283
冒险型性格	对冒险型性格的自我评价，不同意=0，同意=1，非常同意=2	0.256	0.437
第一大姓	是村里第一大姓赋值为1，反之为0	0.624	0.485
赣北	赣北区域赋值为1，反之为0	0.343	0.475
赣中	赣中区域赋值为1，反之为0	0.303	0.460
赣南	赣南区域赋值为1，反之为0	0.354	0.479

表8-2统计了创业农民的信贷约束状况。有创业经历的农民共有399位，其中，192位（48%）创业农民受到信贷约束，207位（52%）没有受到信贷约束。直接诱导法的甄别结果不仅表现在样本“是否受到信贷约束”方面具有异质性，还体现在信贷约束类型方面的异质性。在受到信贷约束的192个样本中，部分数量型信贷约束、完全数量型信贷约束、成本型信贷约束和风险型信贷约束的样本数分别为82个、42个、32个和36个。“部分数量型信贷约束”类型比例最大，占总体样本的21%，占受到信贷约束样本总数的43%。在无信贷约束的群体中，“得到所需贷款”类型占总体样本总数的40%，占无信贷约束样本总数的77%。

表8-2　创业农民的信贷约束状况　　单位:%

区域	信贷约束				无信贷约束		总计
	部分数量型信贷约束	完全数量型信贷约束	成本型信贷约束	风险型信贷约束	得到所需贷款	无贷款意愿	
赣北	5	3	3	4	12	3	30
赣中	7	3	2	2	14	4	32
赣南	9	4	3	3	14	5	38
总计	21	10	8	9	40	12	100
	48				52		

8.3.3　计量模型

用以下方程来实证检验社会网络对农民创业财务绩效的影响:

$$y_i = \alpha_i + \beta_i SN_i + \theta_i X_i + \mu_i \quad (8-1)$$

其中, y_i为农民创业财务绩效。SN_i为社会网络。X_i为控制变量, 如政治参与、信贷约束、风险偏好和人口特征变量（如年龄、婚姻状况和受教育程度等）。β_i、γ_i和θ_i向量为待估系数, μ_i为误差项。

8.4　实证结果与分析

8.4.1　OLS 模型回归结果及分析

表 8-3 第 2 列为 OLS 模型回归结果。社会网络的估计系数为正, 且在 1% 统计水平上显著。该研究结果表明, 社会网络能显著提高农民创业财务绩效。农民每年给亲朋好友的人情礼金额越高, 其创业财务绩效会越好。在控制变量中, 政治参与变量的估计系数表明, 政治参与能够显著提高农民创业财务绩效。相比没有中共党员、村干部、人大代表或政协委员等的农民家庭, 有这些身份的家庭的创业财务绩效要更好。信贷约束变量的估计系数为负, 在 1% 的统计水平上显著。这意味着, 相比没有受到信贷约束的农民, 受到信贷约束的农民创业财务绩效要更低。相比没有结婚的创业农民, 有婚姻关系的农民的创业财务绩效要更好。

表 8-3　社会网络和创业财务绩效

变量	创业财务绩效	
	OLS 模型估计结果	IV-2SLS 模型估计结果
社会网络	0.033***	0.024*
	(0.004)	(0.014)
政治参与	0.272***	0.310***
	(0.057)	(0.086)
信贷约束	-0.209***	-0.218***
	(0.056)	(0.061)

续表

变量	创业财务绩效	
	OLS 模型估计结果	IV-2SLS 模型估计结果
冒险型性格	-0.007 (0.041)	-0.006 (0.031)
年龄	0.126 (0.095)	0.140 (0.093)
年龄平方	-0.002 (0.002)	-0.002 (0.002)
性别	-0.117 (0.113)	-0.129 (0.112)
婚姻状况	0.101* (0.060)	0.110 (0.069)
小学及以下学历	0.273* (0.196)	0.377** (0.184)
高中学历	0.290 (0.192)	0.318 (0.183)
大专学历	0.273 (0.211)	0.297 (0.210)
本科及以上学历	0.285 (0.211)	0.292 (0.213)
赣南	0.155** (0.067)	0.165** (0.071)
赣中	0.045 (0.067)	0.044 (0.066)
常数项	-1.790 (1.423)	-1.987 (1.431)
第一阶段估计结果		
是否村里第一大姓	—	4.406*** (0.599)
F 统计值	—	33.215***

注：括号内为标准差。***、**和*分别表示在1%、5%和10%水平下显著，赣南为区域参照组，初中学历为受教育程度的参照组。

8.4.2 IV-2SLS 模型回归结果

内生性是考察社会网络对创业绩效影响时要特别考虑的问题。前文指出，社会网络的衡量方法为每年在亲朋好友之间所支付的人情礼金额。社会网络在获取创业信息方面具有非常重要的作用，人情礼支出金额越高，人际关系相对越好，得到的创业信息越多，创业财务绩效会越好。另外，当创业者越成功，他们可能会在人情礼方面花更多的钱。鉴于社会网络和创业财务绩效的双向因果关系，OLS 模型的估计结果可能是有偏误的。工具变量模型是解决内生性问题较常用的计量方法，借鉴马光荣、杨恩艳（2015）采用“是否是村里第一大姓”来作为社会网络的工具变量。理论上讲，是村里第一大姓会直接影响创业农民的人情礼支出金额，但没有证据表明是村里第一大姓的农民的创业财务绩效要更好。实证研究中，可以用两个步骤来检验所选工具变量的有效性。第一，弱工具变量检验。在 Stata 15.0 软件中使用 ivreg 2 命令进行回归，得到 Cragg – Donald Wald F 统计量和 Kleibergen – Paap Wald rk F 统计量分别为 33.215 和 54.150，均大于 10，说明该工具变量不是弱工具变量。第二，回归系数的显著性检验。第一阶段回归的工具变量系数为 4.406，在 1% 水平上显著。但该变量对创业财务绩效的影响并不显著。因此，该工具变量是有效的。

IV – 2SLS 模型的估计系数见表 8 – 3 第 3 列。社会网络变量的系数为 0.024，在 10% 水平上显著，说明社会网络对创业财务绩效有显著正向影响，创业农民每年在亲朋好友上所花费的人情礼支出越多，创业财务绩效将会越高。主要原因可能在于，非社会网络能加强农民之间的信息交流，能提高相互间的信任水平，此外，非社会网络能够帮助创业者从正规和非正规渠道获得足够的资金，从而提高创业财务绩效。

政治参与变量的估计系数为 0.310，在 1% 的水平上显著。这一结果意味着，相比家中无成员为中共党员、村干部、人大代表或政协委员，家中有成员有这些身份的农民的创业财务绩效更好。一方面，政治参与有利于创业者从正规金融机构获得贷款，能够缓解创业时的信贷约束，加快资金周转，从而提高创业财务绩效。另一方面，由于公务员的收入水平相对稳定，社会影响力相对更大，能够帮助创业农民增加产品的销售渠道和销售价格，从而提高创业财务绩效。

8.5 稳健性检验

本部分通过改变实证方法和更换创业绩效的衡量方法，对上述结果进行稳健性检验。

8.5.1 稳健性检验1：分位数回归模型估计结果

在工具变量模型中使用创业财务绩效的均值而不是整个条件分布来检验社会网络对创业财务绩效的影响。但是，当回归到均值和其他条件分布时，结果可能会有所不同。参考 Koenker 和 Bassett（1978）提出的分位数回归方法，通过最小化绝对残差的加权平均值得到的结果可以提供关于条件分位数的全面信息。分位数回归模型如下：

$$y_q(x_i) = x'_i\beta_q \tag{8-2}$$

β_q为分位数回归的系数。其估计可定义为：

$$\min_{\beta_q} \sum_{i:y_i \geqslant x'_i\beta_q}^{n} q\,|y_i - x'_i\beta_q| + \sum_{i:y_i < x'_i\beta_q}^{n} (1-q)\,|y_i - x'_i\beta_q| \tag{8-3}$$

假设 $q=1/2$，称为“中值回归”。此时目标函数简化为：

$$\min_{\beta_q} \sum_{i=1}^{n} |y_i - x'_i\beta_q| \tag{8-4}$$

在“绝对偏差最小估计量”原则下，中位数回归结果受极值的影响小于均值回归结果，统计结果更稳健。由于创业财务业绩是用净利润的比率来衡量的，净利润是一个连续变量，可以分析在1/10、1/4、1/2、3/4、9/10分位数上的不同估计结果。表8-4给出了分位数回归模型的估计结果。该模型的估计系数表明，不管在哪个分位点，社会网络对创业财务绩效都有显著正向影响。从0.25分位点开始，社会网络对创业财务绩效的影响随着分位点的提高而增大。政治参与对创业财务绩效有显著正向影响，且影响随着分位点的提高而增大；信贷约束对创业财务绩效有负向影响，从0.25分位点开始，信贷约束对创业财务绩效有显著负向影响，且负向影响会随着分位点的提高而增大。

表8-4 社会网络对创业财务绩效影响的分位数回归模型估计结果

变量	分位数模型估计结果				
	q=0.1	q=0.25	q=0.5	q=0.75	q=0.9
社会网络	0.023*** (0.006)	0.020*** (0.004)	0.026*** (0.006)	0.038*** (0.008)	0.061*** (0.013)
政治参与	0.153** (0.070)	0.156*** (0.039)	0.157*** (0.046)	0.268*** (0.059)	0.332*** (0.144)

续表

变量	分位数模型估计结果				
	q = 0. 1	q = 0. 25	q = 0. 5	q = 0. 75	q = 0. 9
信贷约束	-0. 093 (0. 079)	-0. 198 *** (0. 042)	-0. 247 *** (0. 039)	-0. 276 *** (0. 048)	-0. 305 *** (0. 099)
是否控制变量	是	是	是	是	是
常数	-3. 864 (4. 105)	-1. 863 (1. 314)	-0. 513 (0. 912)	1. 122 (1. 106)	1. 782 (1. 766)
伪 R^2 值	0. 120	0. 158	0. 234	0. 302	0. 365

注：控制变量有性格特征、年龄、性别、婚姻状况、受教育程度和地区变量。

8. 5. 2　稳健性检验 2：社会网络对创业成长绩效的影响

表 8 -5 给出了以创业成长绩效为因变量的 OLS 模型估计结果和 IV -2SLS 模型估计结果。OLS 模型估计结果表明，社会网络对创业成长绩效有显著正向影响。创业农民每年支出的人情礼越多，对创业目标达成度的主观评价就会越高。相比家中无成员为中共党员、村干部、人大代表或政协委员，家中有成员有这些身份的农民的创业成长绩效更好。相比无信贷约束的农民，受到信贷约束时，他们创业成长绩效更差。这和基准回归结果是一致的。IV -2SLS 模型估计结果显示，Cragg - Donald Wald F 统计量为 33. 234，Kleibergen - Paap Wald F 统计量为 53. 979，表明该工具变量不是弱工具变量。第一阶段回归后工具变量的系数为 4. 389，t 值为 7. 35。表明该工具变量是适用的。

表 8 -5　社会网络和创业成长绩效

变量	创业成长绩效	
	OLS 模型估计结果	IV -2SLS 模型估计结果
社会网络	0. 093 *** (0. 007)	0. 186 *** (0. 027)
政治参与	0. 410 *** (0. 110)	0. 034 (0. 182)
信贷约束	-0. 387 *** (0. 108)	-0. 301 ** (0. 134)

续表

变量	创业成长绩效	
	OLS 模型估计结果	IV－2SLS 模型估计结果
冒险型性格	−0.122 (0.129)	−0.132 (0.095)
年龄	0.119 (0.185)	−0.017 (0.225)
年龄平方	−0.002 (0.003)	0.000 (0.004)
性别	0.089 (0.218)	0.213 (0.235)
婚姻状况	0.053 (0.116)	−0.041 (0.127)
小学及以下学历	0.164 (0.750)	0.203 (0.319)
初中学历	−0.145 (0.199)	−0.347* (0.212)
高中学历	−0.288 (0.180)	−0.514*** (0.178)
大专学历	−0.340 (0.246)	−0.526** (0.241)
赣北	−0.352** (0.129)	−0.457*** (0.150)
赣中	−0.267 (0.130)	−0.255* (0.157)
常数项	0.545 (2.741)	2.438 (3.323)
第一阶段估计结果		
是否村里第一大姓	—	4.389*** (0.597)

注：括号内为标准差。***、**和*分别表示在1%、5%和10%的水平下显著，赣南为区域参照组，大学及以上学历为受教育程度的参照组。

8.6 研究结论与政策建议

提高创业绩效是每个创业者关注的重要内容，继上一章实证分析了信贷约束对创业绩效的影响后，本章分析社会网络对创业绩效的影响，研究结论如下。第一，社会网络能显著提高农民创业财务绩效。第二，分位数回归模型的估计系数表明，不管在哪个分位点，社会网络对创业财务绩效都有显著正向影响。从 0.25 分位点开始，社会网络对创业财务绩效的影响随着分位点的提高而增大。

本章研究结果表明，和政治参与及信贷资源一样，社会网络对农民创业绩效至关重要，增强农民的社会网络能够提高创业绩效。根据研究结论提出以下政策建议。第一，加强农民和金融机构之间的社会网络，缓解创业期间所受到的信贷约束，以提高创业绩效。金融机构可以采取多种措施发展社会资本，如建立村级贷款业务办事处、指定村镇信贷工作人员；评选“优质信贷客户”树立典型扩大社会影响；定期在村镇举行讲座，普及金融知识以增加农民的相互交流等。第二，加强农民的政治参与，更多地了解政府相关的创业政策，争取更多政策支持。第三，加强农民之间的相互沟通和交流，减少创业信息的搜寻成本，从亲朋好友、同学和老乡等处获取创业相关信息，掌握更多的创业管理知识，从而提高创业绩效。

第 9 章　非农就业对农民信贷约束的影响

9.1　引言

信贷支持历来被认为是提升农民福利和促进农业及农村发展的重要因素。放松资金控制和限制资本流动会对投资产生溢出效应，有助于增加农业部门的资本投入（Turvey 和 Xiong，2017）。获得信贷对于巴基斯坦农民满足社会需求、购买农业投入品和提高产量等至关重要（E. Saqib 等，2018）。充足的信贷是非洲农民改善生计和农业可持续发展的必要条件（Ogundeji 等，2018）。获得信贷大大增加了农民成为企业家的可能性（Ma 等，2019）。然而，由于缺乏抵押品或缺乏第三方担保，农民总是遭受信贷约束（Jano，2017；Ma 等，2019）。在肯尼亚，与其他部门相比，农业部门的正规金融机构贷款比例通常较低（Njogu 等，2018）。在中国，只有 48.6% 的农民企业家能够从银行获得贷款创业（Ma 等，2019）。

一些最新的文献从居住区域、生产能力和协会成员等不同方面研究了获得信贷的影响因素（Njogu 等，2018；E. Saqib 等，2018；Ogundeji 等，2018；Murro 和 Peruzzi，2019）。Njogu 等（2018）对肯尼亚的 21576 名奶农进行了调查，发现借款人的生产能力对获得信贷有积极而显著的影响，家族企业比非家族企业更有可能受到信贷约束。Saqib 等（2018）的研究表明，每月收入、耕作经验、家庭规模、受教育程度和拥有土地的比例等因素对巴基斯坦农民获得信贷有显著影响。而 Ogundeji 等（2018）的研究表明，农民财务记录、生产规模、储蓄和农会会员对获得信贷具有显著正向影响，较高的利率对农民从金融机构获得信贷具有显著负向影响。Murro 和 Peruzzi（2019）最近对意大利的研究显示，家族所有制增强了所有权集中度较高企业的信贷配给倾向。Ma 等（2019）对中国的研究发现，国有企业较多、商业银行较多的地区的农民更容易获得信贷。

然而，现有文献很少关注非农就业对缓解信贷约束的作用。比如，Chandio 等（2017）利用 Probit 回归模型发现，非农收入是影响巴基斯坦农民正式信贷的重要因素。但是，Probit 模型不能解决非农就业变量的潜在内生性，这可能导致有偏差的估计。本章通过对全国 25 个省 6680 位农民的代表性调查数据，采用内生转换 Probit 回归模型，不仅揭示了影响农民参与非农就业的因素，还分析了非农就业对农民信贷约束的影响机理。

本章研究可能的贡献主要有两个方面。一方面，利用内生转换 Probit 回归模型同时考察了农民参与非农就业的影响因素以及非农就业对信贷约束的影响。如前所述，获得信贷在农业和农村发展中发挥着重要作用，因此，研究非农就业如何以及在多大程度上影响农民获得信贷具有重要意义。另一方面，本研究采用内生转换 Probit 回归模型来解释非农就业方程中可观测和不可观测变量所导致的选择性偏误，得出的估计结果更加科学。

9.2 分析框架和估计方法

9.2.1 分析框架

非农就业可以通过增加收入和增强社会网络两个途径来降低信贷风险和信贷成本，从而缓解信贷约束。图 9－1 展示了潜在路径的分析框架。

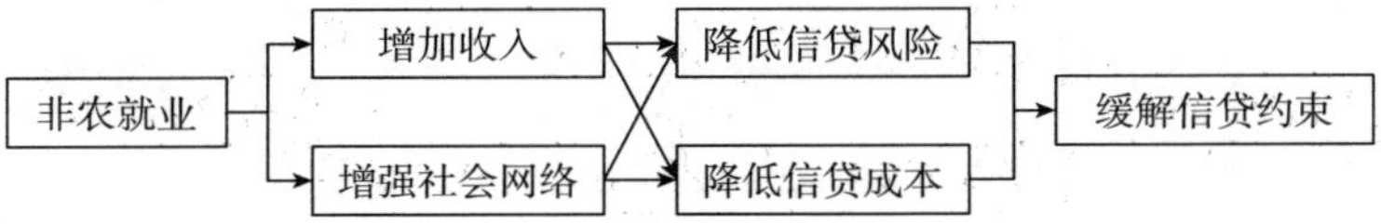

图 9－1　非农就业与信贷约束

第一条路径表明，非农就业可以增加农民收入，进而降低信贷风险和成本，从而缓解信贷约束。国内外大量文献表明，非农就业对农民增收有巨大的促进作用。Matshe 和 Young（2004）对津巴布韦小型农户的研究结果表明，农民把非农就业所得收入投入农业生产，使得农业生产率得以提高，进而提高农业收入，提升还款能力，降低信贷风险，从而有利于缓解农民信贷约束。Mishra 等（2015）认为，非农就业是增加农民家庭收入和提高农民收入多样化的重要方式。Zhang 等（2016）利用中国江苏省的调查数据发现，非农就业对农业技术效率水平有正向且显著的影响。非农就业对农民的非农收入有积极而显著的影响，而收入可以降低信贷风险，增加获得信贷的可能性（Ma 和 Abdulai，2019）。

非农收入的增加，使得农民拥有更多的抵押品，从而降低信贷风险（Abdoulaye，2018）。较富裕的借款人更有可能提供抵押品，从而提高获得信贷的可能性（Heikkilä 等，2016）。此外，非农收入可以通过使用智能手机等现代通信技术来降低信贷成本，从而带来更多的信息和信贷交易的便利。通过非农就业增加家庭收入，可以对农村地区的智能手机使用产生直接影响。实际效果表明，非农就业增加了近 60% 使用智能手机的可能性，智能手机的使用方便了农民和金融机构的交流，减少了信息不对称，从而降低信贷成本，缓解信贷约束（Ma 等，2018）。

第二条路径表明，非农就业可以通过增强农民的社会网络来降低信贷的交易成本和风险。社会网络对个人从金融机构获得贷款的概率有积极而显著的影响（Heikkilä 等，2016）。Talavera 等（2012）对中国的研究表明，社会网络使人们从任何银行获得信贷的可能性增加了约 15%。Pham 和 Talavera（2018）利用越南的面板数据发现，拥有更好社会网络的企业家更有可能获得信贷。银行倾向于通过社会网络来寻找更多有关企业家的信息，这些信息对该社会网络内所有成员都是有益的，因为社会网络可以通过集体交流来拓展社会关系。而社交网络有助于降低交易成本和信用风险。Abbay 等（2018）利用埃塞俄比亚北部农民的空间经济数据发现，积极参与社会网络是降低农民交易成本的重要因素。Ma 和 Wang（2016）发现，借贷平台上借款人的社交网络是影响 P2P 借贷信用风险的重要因素之一，一旦借款人在借贷平台上形成了自己的朋友圈，出于投资者对借款人的信任，借贷的可能性就会增加。

9.2.2 选择偏误问题

为了揭示非农就业与信贷约束之间的关系，本章假设信贷获取是非农就业变量的函数，是相关解释变量的向量，表示如下：

$$Y_i^* = \alpha X_i + \eta W_i + \vartheta_i,\ Y_i = \begin{cases} 1,\ \text{if} & Y_i^* > 0 \\ 0,\ \text{if} & Y_i^* \leqslant 0 \end{cases} \tag{9-1}$$

其中，Y_i^*是一个潜在变量，表示农民i受到信贷约束的概率。Y_i^*是研究人员无法得知的，但是可以通过能调研得到的二元变量Y_i来确定，如果农民受到信贷约束，该变量赋值为1，否则赋值为0。X_i表示可能影响农民受到信贷约束的可观测变量（如年龄、性别、婚姻状况、受教育程度和资产价值等）。W_i是表示农民非农就业的向量（有非农就业经历赋值为1，反之赋值为0）。α和η是向量的参数估计，ϑ_i是随机误差项。

然而，非农就业变量可能是内生的，因为农民自己选择是否参与非农就业。可观测的因素（如年龄、性别、受教育程度和资产价值）和不可观测因素（如先天能力和动机）都可能影响农民是否参与非农就业，这将导致式（9-1）中与非农就业相关变量的自选择问题。如果不能解决这一问题，将导致有偏差的估计。因此，选择内生转换Probit模型来估计非农就业对信贷约束的影响。

9.2.3 内生转换Probit模型

内生转换Probit模型的估计分为两个阶段。第一个阶段估计农民非农就业的影响因素。借鉴Lokshin和Sajaia（2011）、Ma，Abdulai和Goetz（2018）等文献，本章建立非农就业模型，该模型假设非农就业获得的效用（W_{1i}^*）高于农业活动获得的效用（W_{0i}^*）。虽然研究人员还不知道其效用，但可以调研得到农民是否有非农就业经历。因此，使用一个潜在变量（W_i^*）来表示参与非农就业的净效用（$W_{1i}^* - W_{0i}^*$），这个潜在变量不能被观察到，但可以用离散选择模型来表示。方程表示如下：

$$W_i^* = \gamma Z_i + \mu_i,\ W_i = \begin{cases} 1 & \text{if} \quad W_i^* = W_{1i}^* - W_{0i}^* > 0 \\ 0 & \text{if} \quad W_i^* = W_{1i}^* - W_{0i}^* \leqslant 0 \end{cases} \tag{9-2}$$

当农民参与非农就业时，W_i赋值为1，否则赋值为0；Z_i是可能影响农民参与非农就业决策的解释变量（如年龄、性别、受教育程度和资产价值）的向量；γ是一个向量的参数估计，μ_i是误差项。

内生转换Probit模型的第二个阶段为结果方程，分别表示非农就业者与无非农就业者受到信贷约束的概率，方程表示如下：

$$Y_{Ci}^* = \beta_C X_{Ci} + \varepsilon_{Ci},\ Y_{Ci} = \begin{cases} 1,\ \text{if} & Y_{Ci}^* > 0 \\ 0,\ \text{if} & Y_{Ci}^* \leqslant 0 \end{cases} \quad \text{for} \quad W_i = 1 \tag{9-3a}$$

$$Y_{Ni}^* = \beta_N X_{Ni} + \varepsilon_{Ni}, \quad Y_{Ni} = \begin{cases} 1, & \text{if} \quad Y_{Ni}^* > 0 \\ 0, & \text{if} \quad Y_{Ni}^* \leqslant 0 \end{cases} \quad \text{for} \quad W_i = 0, \tag{9-3b}$$

其中，Y_{Ci}^*（Y_{Ni}^*）是潜变量，表示农民在非农就业（无非农就业）情况下受到信贷约束的概率。X_{Ci}和X_{Ni}是外生变量的向量。β_C和β_N为待估计参数，ε_{Ci}和ε_{Ni}为误差项。在内生转换 Probit 模型中，使用最大似然估计来同时估算方程（9－1）和方程（9－3a）及方程（9－3b）（Lokshin 和 Sajaia，2011）。

为了鉴别选择方程和结果方程，需要在选择方程中设置至少一个工具变量（Lokshin 和 Sajaia，2011）。本章使用藏书量作为非农就业的工具变量。从理论上讲，藏书量更多的农民更有可能参加非农就业，因为阅读可以使他们获得更多的非农就业机会信息，获得更多的技能，从而有资格从事非农就业。然而，阅读对信贷约束并没有直接影响。

9.2.4 平均处理效应

内生转换 Probit 模型揭示了影响农民非农就业的影响因素，并考察了非农就业对信贷约束的影响。然而，从方程（9－1）、方程（9－3a）和方程（9－3b）的联合估计中，可以估算非农就业对信贷约束影响的平均处理效应，包括处理组、对照组和总体样本的平均处理效应。鉴于处理组的平均处理效果（ATT）应用最广泛，根据 Lokshin 和 Sajaia（2011）估算 ATT：

$$ATT = \frac{1}{N_C}\sum_{i=1}^{N_C}\{P_r(Y_C = 1 \mid W = 1, X = x) - P_r(Y_N = 1 \mid W = 1, X = x)\} = \frac{\Phi_2(X_C\beta_C, Z\gamma, \rho_1) - \Phi_2(X_N\beta_N, Z\gamma, \rho_0)}{F(Z\gamma)} \tag{9-4}$$

Φ_2是累积二元正态分布函数，F 是累积单变量正态分布函数。N_C是处理组个体的数量（$W=1$）。P_r（$Y_T=1 \mid W=1$，$X=x$）表示参与非农就业的农民受到信贷约束的概率，而P_r（$Y_N=1 \mid C=1$，$X=x$）表示假设这些农民没有参与非农就业时受到信贷约束的概率。

9.3 数据来源及变量的描述性统计

本章数据来自北京大学中国社会科学调查中心中国家庭追踪调查（China

Family Panel Studies，CFPS）2016年数据，样本覆盖了25个省份，收集了个体、家庭和社区三个反映中国社会、经济、人口、教育和健康等方面的数据。根据研究主题，保留和农民非农就业和农民信贷约束密切相关的7103个乡村样本，再剔除缺失省数据和异常数据，最终得到6680个样本。

表9-1给出了变量的定义和描述性统计。根据CFPS2016问卷中“过去12个月，您自家有没有从事农林牧副渔（简称农业）方面的工作，包括种地、管理果树、采集农林产品、养鱼、打鱼、养牲畜等”进行判断，没有农业工作视为有“非农就业”，共3194个样本，占47.8%。“借钱都被谁拒绝过”问题中设置了“亲戚、朋友、银行、非银行正规金融机构和民间借贷机构和个人”等选项，如果有被拒绝，设置为1，表示受到信贷约束。共1697个样本受到信贷约束，占比为25.4%。个人特征变量包括户主年龄、性别、婚姻状况、家庭人口数、受教育程度和健康状况。受教育程度分为小学及以下学历、初中学历、高中学历和大专及以上学历，设置为四个离散变量。样本中农民的平均年龄约为47岁。约46%的受访者接受过小学或以下教育，而33%、14%和7%的受访者分别接受过初中、高中和大专及以上教育。调研样本农户平均有4个家庭成员。CFPS2016调查了“您估计您家现在居住的这所房子当前的市场总价是多少万元”，统计结果该变量的均值为17万元。根据“过去12个月，您家总共出了多少人情礼”，选择“人情礼支出”作为社会网络的代理变量，该变量的均值为4057元，考虑到估计结果的直观性，模型中用千元表示。书是人类进步的阶梯，人们追求成功的过程中，读书具有重要作用，因此，把藏书量视为影响信贷约束的重要因素。“目前，您家大概有多少本书（不包括报纸、杂志、电子书）”的调研结果显示，3523个家庭中有不同数量的藏书，这些家庭的均值为52本，总样本均值为28本。我国地域广阔，各地的经济发展水平和金融政策不大一样，为了反映不同经济区域环境下非农就业对信贷约束的影响，模型中也考虑了地区变量，将我国经济地带划分为东部、中部和西部。各变量的含义和描述性统计如表9-1所示。

表9-1 变量含义和描述性统计

变量	含义	均值	标准差
非农就业	过去12个月，您自家有没有从事农林牧副渔（简称农业）方面的工作，没有=1，有=0	0.478	0.499
信贷约束	借钱是否被拒绝过，是=1，否=0	0.254	0.435
年龄	岁	47.634	17.369

续表

变量	含义	均值	标准差
性别	男 =1，女 =0	0.490	0.500
婚姻	已婚 =1，未婚 =0	0.637	0.481
小学学历	小学及以下学历 =1，其他 =0	0.457	0.498
初中学历	初中学历 =1，其他 =0	0.328	0.469
高中学历	高中学历 =1，其他 =0	0.144	0.352
大专及以上学历	大专及以上学历 =1，其他 =0	0.071	0.257
家庭人口数	家庭人口总数	3.966	1.878
房产市价	您估计您家现在居住的这所房子当前市场总价（万元）	17.247	29.727
社会网络	过去 12 个月，您家给亲朋好友的人情礼支出（千元）	4.057	6.436
东部	东部地区 =1，其他 =0	0.355	0.479
中部	中部地区 =1，其他 =0	0.287	0.453
西部	西部地区 =1，其他 =0	0.378	0.479
藏书量	家庭藏书量（本）	27.685	59.816

变量的均值差异及分析。表 9－2 统计了各变量的均值差异（t 检验值）。第 2 列、第 3 列分别表示家中有、无非农就业情况下各变量的均值，第 4 列为两者的均值差异，反映出两组样本在是否受到信贷约束、房产市价和人口特征变量等方面有显著差异。统计显示，与没有非农就业的农民相比，有非农就业的农民受到信贷约束的概率要低 18.8%，这些农民的房产市价要高约 25530 元，他们每年在重大节日花费在亲朋好友上的人情礼支出近 900 元，这些农民的家庭藏书量近 7 本。

表 9－2 直观地反映了在“有无非农就业”条件下，有些变量的均值存在显著差异，但这些信息并不能说明这些差异就是由非农就业引起的。要准确论证非农就业对信贷约束的影响，就必须充分考虑到样本“自选择”导致的有偏估计。因此，本章采用较为科学的 ESP 模型进行实证研究。

表 9－2　各变量的均值差异

变量	有非农就业（N=3147）	无非农就业（N=3533）	均值差异	t 统计量
年龄	48.291（17.259）	46.793（17.625）	0.188***	18.028
性别	0.490（0.499）	0.489（0.500）	0.001	0.049

续表

变量	有非农就业（N=3147）	无非农就业（N=3533）	均值差异	t统计量
婚姻	0.650（0.477）	0.626（0.484）	0.024**	2.116
小学学历	0.466（0.499）	0.449（0.497）	0.017	1.436
初中学历	0.322（0.467）	0.333（0.471）	-0.011	-0.929
高中学历	0.139（0.346）	0.150（0.357）	-0.011	-1.298
大专及以上学历	0.073（0.261）	0.069（0.254）	0.004	0.689
家庭人口数	4.004（1.884）	3.933（1.872）	0.071	1.548
信贷约束	0.155（0.362）	0.343（0.475）	-0.188***	18.028
房产市价	18.667（36.198）	16.114（23.803）	2.553***	3.440
社会网络	4.532（7.354）	3.635（5.457）	0.897***	5.696
东部	0.344（0.437）	0.365（0.445）	-0.015	-1.407
中部	0.300（0.444）	0.276（0.430）	0.025**	2.358
西部	0.356（0.479）	0.359（0.479）	-0.003	-0.280
藏书量	31.145（55.708）	24.621（63.101）	6.524***	4.456

9.4 实证检验与结果分析

实证模型采用Stata 15.0计量软件。利用方程（9-1）、方程（9-3a）和方程（9-3b）对非农就业的影响因素和非农就业对农民信贷约束影响的估计结果，如表9-3所示。

9.4.1 农民非农就业决策模型与信贷约束模型联立估计

表9-3统计了农民非农就业决策模型和信贷约束模型的联立估计结果。两阶段方程独立性LR检验在1%水平上拒绝了选择方程和结果方程相互独立的原假设。模型拟合优度Wald检验在1%水平上显著。误差项相关系数$\rho_{\mu T}$在10%水平上显著，表明信贷约束模型存在样本选择性偏差，该系数为负，表明有非农就

业的农民相比样本中的一般农民受到信贷约束的概率更低。这些结果表明，本章所采用的内生转换 Probit 模型是合适的。

表 9 - 3 第 2 列报告了农民非农就业影响因素的估计结果。研究表明，年龄对非农就业的影响为倒 U 形，随着年龄的增加，农民非农就业的概率会增大，在约 61 岁后该影响会逐渐下降。这一结果与 Ma 等（2018）的研究结果是一致的，主要原因是由于老年农民的健康状况较差，缺乏技能，使他们无法参与非农就业。房产市价变量的估计系数为正且在 1% 水平上显著，说明房屋价值越高的农民越有可能参与非农就业。这一发现与 Evans 和 Jovanovic（2002）、Hurst 和 Lusardi（2004）的研究结果相似，这些文献都发现财富和非农就业存在正相关关系。这可以解释为，较富裕的农民更有可能获得贷款或利用他们的遗产进行非农投资，家庭财富在影响农民参与非农就业方面有重要作用。社会网络变量的系数为正且在 1% 水平上显著，说明社会网络有助于农民获得更多的非农就业信息和机会，增加了农民非农就业的可能性。藏书量作为一种工具变量，对非农就业有显著正向影响。

表 9 - 3 的第 3 列和第 4 列报告了使用方程（9 - 3a）和方程（9 - 3b）估计的信贷约束方程的影响因素回归结果。非农就业农民和无非农就业农民的信贷约束影响因素的系数在某些变量上存在较大差异，说明内生转换 Probit 模型优于简单的 Probit 模型。结果表明，年龄变量对无非农就业的农民的信贷约束的影响负向显著，但对有非农就业的农民的信贷约束的影响不显著。小学学历变量对有非农就业的农民在信贷约束上有显著负向影响，但对无非农就业者没有显著影响。这可以解释为，与拥有高中学历的人相比，有小学学历的非农就业者的社会实践更丰富，社会网络更强，受到信贷约束的可能性就会相对更低。房产市价变量的系数均为正且在 1% 水平上具有统计学意义上的显著性，表明资产价值降低了有非农就业者和无非农就业者信贷约束的可能性。这与 Wainaina 等（2017）的研究结论相一致，高资产所有者能够提供更多的抵押品，也能够更加容易找到担保人，从而能够获得信贷支持。社会网络变量对有非农就业和无非农就业的农民的信贷约束都有显著负向影响，这和 Abbay 等（2018）以及 Ma 和 Wang（2016）的研究结论是一致的，主要原因可能是社交网络能够降低信用风险和成本，从而增加获得信贷可获得性。

工具变量的有效性检验。内生转换 Probit 要求使用有效的工具变量，采用两种方法进行检验。一是显著性检验。用 Probit 模型估算选择方程，结果显示，IV 对非农就业有显著的正向影响（$z = 3.48$，$p = 0.001$），而对信贷约束的影响不显著（z = 1.28，p = 0.200）。二是弱工具变量检验。在 Stata 15.0 软件中使用 ivreg2 命令进行回归，得到 Cragg – Donald Wald F 统计量和 Kleibergen – Paap Wald rk LM 统计量分别为 12.714 和 12.381，两者均大于 10，因此不是弱工具变量。因此，该工具变量是有效的。

表 9 – 3　非农就业对信贷约束的影响

变量	非农就业	信贷约束	
		有非农就业	无非农就业
年龄	0.012（0.005）**	−0.003（0.008）	−0.021（0.009）**
年龄平方/100	−0.009（0.005）*	0.002（0.008）	0.018（0.008）**
性别	0.007（0.031）	0.046（0.047）	−0.003（0.042）
婚姻状况	0.020（0.035）	−0.064（0.050）	−0.068（0.049）
家庭人口数	0.004（0.008）	−0.015（0.011）	−0.002（0.012）
小学学历	0.074（0.047）	−0.140（0.066）**	0.058（0.064）
初中学历	0.032（0.049）	−0.025（0.062）	0.107（0.066）
大专及以上学历	0.083（0.071）	−0.011（0.095）	0.072（0.098）
房产市价	0.001（0.000）***	−0.002（0.001）**	−0.005（0.001）***
社会网络	0.013（0.003）***	−0.041（0.014）***	−0.020（0.009）**
中部	0.086（0.039）**	−0.051（0.053）	0.049（0.055）
西部	0.030（0.037）	0.005（0.050）	0.003（0.051）
藏书量	0.001（0.000）**	—	—
常数项	−0.616（0.125）***	0.468（0.437）	0.643（0.172）***
$\rho_{\mu T}$	—	−1.377（0.835）*	—
$\rho_{\mu N}$	—	—	0.527（0.403）
方程独立性检验	6.320***		
模型拟合优度检验	75.35***		
对数伪似然值	−8097.234		
样本量	6680	3147	3533

9.4.2　非农就业对农民信贷约束影响的处理效应分析

利用式（9 – 4）计算非农就业对信贷约束影响的平均处理效应，估计结果如表 9 – 4 所示。全样本 ATT 估计结果表明，当农民参与非农就业时，受到信贷约束的概率比他们在没有参与非农就业情况下（反事实）受到信贷约束的概率低48.4%。这一结果与Tran等（2018）的研究结论一致，他们的研究发现，在越南，相比没有参与非农就业的农民，参与非农就业的农民获得信贷的概率高44%。Bocher等（2017）的研究也表明，参与非农就业的埃塞俄比亚农民比没有参与非农就业的农民获得信贷的概率高17%。

为进一步了解非农就业对信贷约束的影响，本书基于年龄和经济区域考察其异质性影响。表9-4的实证结果表明，在不同的年龄范围内，非农就业能够显著降低受到信贷约束的概率，相对来说，对小于40岁的青年农民会产生最大的显著影响（绝对值为0.544）。中部农民的影响程度最大（绝对值为0.496）。

表9-4　非农就业对信贷约束影响的平均处理效应（ATT）

异质性估计	样本数	平均处理效应
全样本估计结果	3147	-0.484（0.002）***
年龄异质性估计结果		
青年（年龄<40）	1069	-0.544（0.002）***
中年（40≤年龄<60）	1131	-0.453（0.002）***
老年（年龄≥60）	947	-0.451（0.003）***
地区异质性估计结果		
东部	1082	-0.481（0.003）***
中部	945	-0.496（0.003）***
西部	1120	-0.475（0.003）***

9.5　稳健性检验

为了稳健性检验和比较，使用倾向得分匹配法（PSM）实证研究非农就业对信贷约束的影响。表9-5统计了PSM模型的估计结果，结果表明，非农就业显著降低了农民信贷约束概率17.4%，该估计值和内生转换Probit的估计结果是一致的，但绝对值小于内生转换Probit的估计结果，原因是ESP模型可以解决可观测和不可观测因素引起的选择性偏差。说明内生转换 Probit 估计结果的适用性。

表 9 – 5　非农就业对信贷约束的 PSM 模型估计结果

变量	有非农就业	无非农就业	ATT	t – stat
信贷约束	0. 155（0. 006）	0. 327（0. 010）	– 0. 174（0. 012）***	– 14. 73

注：ATT 是指处理组的平均处理效应，在 STATA15. 0 软件中使用命令“Kmatch ps”得到估计结果。

9. 6　研究结论与政策建议

信贷支持对农民的生产生活以及乡村振兴等都有重要意义。本章基于 CFPS2016 年全国性调研数据，在充分考虑了可观测因素和不可观测因素导致的选择性偏误，采用内生转换 Probit 实证研究了非农就业的影响因素以及非农就业对信贷约束的影响。研究发现，房产市值、社会网络和藏书量等会显著提高农民参与非农就业的概率。非农就业能显著降低信贷约束概率 48. 4%，采用 PSM 模型的稳健性回归模型也印证了这一关系。年龄和经济区域的异质性估计结果表明，非农就业对降低年轻农民和中部农民信贷约束的概率更明显。

本章研究结果具有非常重要的现实意义和政策建议。非农就业是缓解农民信贷约束的重要因素，政府应加大力度促进农民非农就业。非农就业对信贷约束的异质性估计结果表明政府在促进农民非农就业时要实施差异化的激励政策。要重点关注年轻农民和中部农民的非农就业安排。

第10章　政治参与、金融参与对农民信贷约束的影响

10.1　引言与文献综述

金融服务“三农”的重要性不言而喻。农村金融发展在促进经济发展、提高农民收入、增加农民消费等方面都具有非常重要的意义（尹学群、李心丹，2011），农民从银行等金融机构获取的信贷资金对农业生产效率有显著影响（Omonona 等，2010；Guirkinger 和 Boucher，2007），是促进农民增收以及缩小城乡收入差距的重要手段（Beck 等，2009）。2015 年中央一号文件明确要求积极探索农村金融改革和创新方式，鼓励各类商业银行确实增加针对“三农”的金融服务供给，要不断增加农业信贷资金总额和涉农贷款比例。为了更好地服务“三农”，中国农村金融制度自改革开放以来一直在不断发展和完善。早在 2006 年，中国就进行了以国家主导的外生金融为主、民间内生金融自发演进为辅的新一轮农村金融制度改革，其最重要的目标就是要积极探索解决农村融资难的问题（洪正，2011）。可是，当前农村金融市场供需市场依然严重失衡（李似鸿，2010），农民融资难一直是中国农村金融制度改革所要解决的核心问题（洪正，2011）。中国贫困地区的大多数农民都受到较为严重的信贷约束（鞠荣华等，2014；王书华等，2014；李岩等，2013；程郁、罗丹，2012；李庆海等，2012；黄祖辉、刘西川，2009；李锐、朱喜，2007），中国农村金融市场中商业性金融机构少、金融供给低、竞争不充分以及信贷配给等问题依然存在（莫媛、徐虹，2012），信贷约束对农民的福利损失有重大的影响（Boucher 等，2006）。

信贷约束会影响农民消费水平以及农业生产效率，也会影响农村经济发展，因此，探索信贷约束的缓解之道从而满足农民消费、生产以及创业等资金需求，成为了研究农村金融的重要课题，国内外学者从不同的角度对此进行了广泛的研究。农户负责人的性别、受教育程度、社会认可以及收入水平都是农民信贷约束的重要影响因素（王静等，2014），外出务工和民间金融成为了缓解农民融资约束的重要途径（李明贤、王旋，2015），农民存款、加强与银行等金融机构的关系能显著缓解农民受信贷约束的程度（程郁、罗丹，2012）。农村金融机构、金融服务以及金融产品的不断创新在短期内可以增加农村金融的有效供给，但实施金融自治和推进乡村自治才能有效解决金融市场的供求矛盾（李似鸿，2010）。信贷供求主体之间的信息不对称、信贷抵押物的缺失以及信贷交易成本是缓解农民信贷约束的突出问题（Stiglitz 和 Weiss，1981；Morduch，2000；Besley 和 Coate，1995）。农业生产天然的弱质性、农产品销售的市场风险、农民自身管理能力的欠缺以及相关法律的约束都显著影响到农民对银行等正规金融机构信贷资源的可获得性（Morduch，2000）。发展中国家农村金融市场中缺乏运行良好的辅助性机构，这一因素使得农民信贷合同的签订和执行都增加了更多的不稳定性和不确定性（Besley 和 Coate，1995）。农业生产的季节性特征和农产品的高同质性使得广大发展中国家的农民对信贷资金的需求难以匹配金融机构的信贷资金的供给，增加了农民信贷合约的成本和风险（Ahlin 和 Maio，2010）。

国内很多学者也从新型农村金融机构的发展实践来探索金融服务“三农”的模式和效果。农民资金互助社能够降低农村商业性金融机构对农民信贷的数量配给和交易成本配给的程度、“共跻监督”是一种有效的抵押品替代机制，能降低农民资金互助社的借贷成本和交易风险（董晓林等，2016）。建立合理有效的农村产权抵押贷款机制，加大对新型农业经营主体的金融支持，有利于解决非农经营方式农户的信贷需求（牛荣等，2016）。信贷技术、营业费用率、所在地区的经济发展水平以及金融市场的竞争程度对小额贷款公司的贷款业务有显著影响（杨虎锋、何广文，2012）。资金互助社能够有效实施相互监督和合同互联，与专业合作社或龙头公司联合发展能显著改善农户的融资需求（洪正，2011）。

以上文献表明，虽然广大学者普遍认同农民受到信贷约束这一现实问题，也认可信贷约束产生的不利影响，但是对于信贷约束的影响因素并不一致。可能的原因在于：第一，学者所采用的样本数量和地区都具有显著的区别。本书以江西省从南到北三个区域的农户样本为数据，以落后省份落后地区农户的调研数据为基础进行的分析对探索我国广大欠发达地区农民信贷约束的影响因素有较强的说服力。第二，现有文献大多通过经济行为来分析信贷约束的影响因素，很少有文献从政治行为来进行分析，而政治参与行为对经济活动是有反作用的。另外，农民自身的金融参与行为也会对信贷资源的获取产生影响。因此，本书尝试实证检验政治参与行为和金融参与行为对农民信贷约束的影响方向和程度。这一探索拓展了研究缓解农民信贷约束的视角和路径，能为解决我国广大欠发达地区的金融市场失灵提供参考，对增加农民福祉以及缩小我国城乡收入差距等都具有一定的现实意义。

10.2　理论分析与研究假设

在广大农村地区，农户是最基本的社会组成部分和经济主体。农民既要从事农业生产，又要进行生活消费，在农产品市场上兼有生产者和消费者的双重角色，而农民自然又有其他物质的需求，因此需要资金满足其生产需求和生活消费（Boucher 等，2006）。因此，银行等金融机构能否满足农民的信贷需求不仅会影响到农业生产效率，也会影响到农民的生活状况。然而，影响农民获取信贷资金的因素多种多样、错综复杂，本书探索政治参与和金融参与对农民信贷约束的影响。

政治参与是指普通公民通过各种合法方式参与政治活动，从而影响政治体系的构成、运行方式、运行规则和运作过程的行为（王浦劬，1995），农民政治参与的主要形式包括投票选举、反映诉求、社会监管、接触或成为政府工作人员和抗议示威等，农民政治参与关系到个人权利实现、自身福利以及经济发展等问题（郭君平等，2016；陈前恒、魏文慧，2016）。农户有成员参与政治活动越活跃，说明其文化程度或社会认可度相对越高，农业生产和经营认识越丰富，越了解农村金融政策，越能够获取更多的金融信息和服务。因此，得出本章的第一个假设：

假设 1：政治参与有利于缓解农民信贷约束。

农民金融参与主要表现为借贷行为、信用表现、金融参与意识等具体活动方式与意识形态。在完善的农村金融市场里，农民的金融参与和信贷需求有很大关联度（熊学萍等，2007）。现有农民金融参与的研究主要表现为储蓄、投资和融资等相关行为，集中表现在居民储蓄和农民借贷行为两个方面（王磊玲、罗剑朝，2012）。农民的金融意识越强，金融参与行为就越多，对银行等金融机构的性质和服务等就会越清楚，金融机构对农民的了解就越多，从而减少金融机构发放贷款的成本和风险。因此，得出本章的第二个假设：

假设 2：金融参与有利于缓解农民信贷约束。

10.3　研究方法和数据来源

10.3.1　研究方法

对主要劳动力仍在家从事农业生产的 743 个农民样本数据进行分析，控制了农户要素禀赋等变量后，分析政治参与和金融参与对农民信贷约束的作用方向及影响程度。构建影响农民信贷约束的 Probit 模型：

$$prob(Y=1 \mid X) = prob(Y^* > 0 \mid X) = prob\{[u > -(\alpha+\beta X) \mid] \mid X\} = 1-\Phi[-(\alpha+\beta X)] = \Phi[(\alpha+\beta X)] \quad (10-1)$$

其中，X 是能够观测到的各个自变量，包括影响农民信贷约束的两个关键变量（农民政治参与和金融参与）和农户禀赋等控制变量，为了比较地区间的差别，设置了地区虚拟变量（以位于江西省南部的赣州为参照，分析中部的吉安和北部抚州的信贷约束状况），u 为模型的随机扰动项，假设其服从标准正态分布；Φ 是累积标准正态分布函数。Y^* 表示潜在变量，是不可观测的。Y 是因变量，是根据调研结果推算得到的值，代表农民是否受到信贷约束，如果受到信贷约束赋值为 1，否则为 0，即：

$$Y=\begin{cases}1，\text{当 } Y^*>0，\text{农民受到信贷约束}\\0，\text{当 } Y^*<0，\text{农民没有受到信贷约束}\end{cases} \quad (10-2)$$

10.3.2　变量说明

因变量。借鉴 Boucher 等（2006）和刘西川、程恩江（2009）等的研究，本书把农民受到的信贷约束概括为四种类型：①服务约束：表示农民有向银行等金融机构贷款的需求，但银行拒绝提供贷款或提供的贷款需要的条件相对苛刻导致农民没能获得贷款。②数量约束：农民获得了贷款，但贷款金额没有达到事先的预期。③成本约束：农民的贷款需求由于银行的贷款流程、办理手续、利率水平过高和期限过长等原因，导致交易成本过高而未能获得想要的贷款。④风险约束：害怕担心到期时还不上或担心利率超出了其承受的范围。农民没有受到信贷约束的情况主要有两种：①农民自有资金相对充实或者能从非正规金融渠道获得所缺资金。②农民从金融机构获得了所需要的全部金额。本书构建农民信贷约束影响因素的 Probit 模型，将因变量信贷约束设置为二元离散选择的虚拟变量，即农民是否受到信贷约束，受到信贷约束为 1，否则为 0。

自变量。即影响农民信贷约束的变量，关键变量为农民的政治参与和金融参与，控制变量为农民禀赋：

第一，农户禀赋。主要包括农户负责人的相关情况及农民所拥有的土地等资源禀赋。信贷风险是银行发放贷款时首要考虑的问题，防范信贷风险必须充分考虑农户禀赋。农户个人资源禀赋主要有农户负责人的年龄、性别、婚姻状况、受教育程度等，农户家庭禀赋因素包括所拥有的土地面积、农民加入当地合作社的个数、农户的整体健康状况、农民与银行等金融机构的最小距离以及农民的总收入和总支出等。

第二，农民政治参与。农民的政治参与行为包括是否参加过村委会选举投票、联系政府官员、联系人大代表、联系党组织、联系其他重要人物等，把联系或成为政府工作人员作为这些农民政治参与的最重要形式（陈鹏、臧雷振，2015）。村委会选举是村民自治的一种重要方式，也是农村居民政治参与的一项重要内容（中国社会科学院农村发展研究所课题组，2011）。也有学者认为参加村委会相关工作是农民参与政治活动的最直接形式，家庭成员担任村干部的积极性能直接反映公民的责任意识（董进才，2009）。鉴于笔者调研对象均为较偏远地区的农民，他们直接参与选举的机会并不多，因此，借鉴董进才（2009）、社会科学院课题组（2011）以及陈鹏、臧雷振（2016）等把家庭成员是否担任过村干部等行为作为农民政治参与的代理变量，调查农民"是否有成员担任过村干部、人大代表、政协委员"或"是否有成员是中共党员或各民主党派成员"，如果有成员有上述其中任何一种行为，则说明有政治参与，反之没有。即设置该变量为二元离散选择变量，农民有政治参与设置为 1，反之为 0。

第三，农民金融参与。当前农民大多都在信用社等金融机构有新农保、新农合的储蓄账户，但是能用该账户或重新办理银行卡的农民并不多。实际调研的银行卡是指以农户负责人开的户，即包括以负责人名义在银行办理的信用卡和储蓄卡，也包括与新农合或新农保绑定的卡。虽然不办理银行卡也能办理相关业务，但只有存折的农民去银行办理业务的次数相对来说会更少，如果农民经常去银行办理业务，联系会更加密切，那么银行对农民资金状况了解相对更多，有利于银行掌握相关信息，降低信贷风险。因此，本书用“农户负责人是否在银行办理过银行卡”及“农户负责人每月在银行办理业务的次数”作为农民金融参与的代理变量。把“农户负责人是否在银行办理过银行卡”设置为二元离散选择变量，如果回答“是”，则赋值为 1，反之赋值为 0。

计量模型因变量与解释变量选择及处理说明如表 10－1 所示。

表 10－1　各变量选择及处理说明

变量	变量解释	先验判断
信贷约束	农民是否受到信贷约束（是 =1；否 =0）	—
政治参与	是否担任村干部、人大代表或政协委员等：是 =1；否 =0	负向
是否使用银行卡	负责人是否使用银行卡（是 =1；否 =0）	负向
每月办理业务次数	负责人每月去银行办理业务的次数	负向
负责人性别	男 =1；女 =0	不确定
负责人年龄	实际岁数（岁）	负向
负责人受教育程度	小学及以下 =1；初中 =2；高中（中专） =3；大专及以上 =4	负向
耕作经验	农民从事农业生产的年数	负向
农民健康状况	很好 =1；好 =2；一般 =3；很差 =4	正向
合作社	加入合作社个数	负向
与银行的最小距离	农民与银行的最小距离（千米）	正向
耕地面积	家庭总耕地面积（亩）	负向
总收入	农民所有成员的总收入（元）	负向
抚州	地区虚拟变量（抚州市 =1，其他 =0）	不确定
吉安	地区虚拟变量（吉安市 =1，其他 =0）	不确定
赣州	地区虚拟变量（赣州市 =1，其他 =0）	不确定

10.3.3　数据来源

2013 年暑假期间，课题组在江西省南部的赣州市、中部的吉安市和北部的抚州市的 34 个县进行了随机抽样调查，发放的调查问卷总计 918 份，实际收回 916 份。审核调研问卷时剔除了缺失关键数据的 44 份问卷，共得到有效样本 872 份。本章的研究对象是农民，因此剔除了家庭主要劳动力外出打工的 129 户，得到与本章研究更为相关的 743 份样本。其中，赣州市、吉安市、抚州市份数分别为 348 份、211 份和 184 份，江西省赣州市的人口最多，因此调研的户数相对较多，比例为 46.8%，吉安市和抚州市的样本占比分别为 28.4% 和 24.7%。本章所用的调研数据为农民的信贷约束状况、农户禀赋、农民的政治参与行为和金融参与行为等。

10.3.4　变量描述性统计

样本农民的信贷约束状况如表 10－2 所示，近 55% 的样本受到信贷约束，因成本及风险导致的信贷约束的比例最大，达到近 35%。约 45% 的样本没有受到信贷约束，其中，申请了信贷并得到了所申请金额的农民的比例达到约 34%，初步说明了金融参与行为对农民信贷约束的影响。

表 10－2　农民信贷约束状况　　单位：位

<table>
<tr><th rowspan="2">区域</th><th colspan="3">信贷约束</th><th colspan="2">无信贷约束</th><th rowspan="2">总计</th></tr>
<tr><th>部分数量型信贷约束</th><th>完全数量型信贷约束</th><th>成本及风险型信贷约束</th><th>得到所需贷款</th><th>无贷款意愿</th></tr>
<tr><td>赣州</td><td>21</td><td>47</td><td>112</td><td>121</td><td>47</td><td>348</td></tr>
<tr><td>吉安</td><td>25</td><td>23</td><td>67</td><td>75</td><td>21</td><td>211</td></tr>
<tr><td>抚州</td><td>18</td><td>17</td><td>78</td><td>57</td><td>14</td><td>184</td></tr>
<tr><td rowspan="2">总计</td><td>64
（8.61%）</td><td>87
（11.71%）</td><td>257
（34.59%）</td><td>253
（34.05%）</td><td>82
（11.04%）</td><td rowspan="2">743
（100%）</td></tr>
<tr><td colspan="3">408（54.9%）</td><td colspan="2">335（45.1%）</td></tr>
</table>

数据来源：课题组调研整理所得。

本章所使用的各自变量的描述性统计状况分析如下：

农户禀赋的统计特征。农户负责人的平均年龄为 42.6 岁，48.2% 的负责人年龄居于 41～50 岁；负责人初中文化程度及以下的高达 85.6%，样本中总共只有 20 人是大专及以上学历，仅占 2.7%；样本农民的平均总收入为 9279 元①，样本农民收入构成中，种植业收入为 7416 元，占总收入比重为 79.92%。土地对样本农民的收入有重大影响，耕地面积尤其重要，该平均值为 4.85 亩，但平均耕地面积少于 5 亩的有 428 户，占 57.6%，大于 10 亩的有 65 户，占 7.8%。调研发现，主要时间都在家务农的农民的年龄普遍较大，务农年限的平均值为 18，

① 不仅包括种植业收入，还包括养殖业收入以及家庭成员的打工收入等。

但务农时间有20年以上占44.4%。农民与银行的最小距离的平均值为3.35公里，最小距离小于3公里的占71.3%（530/743），59户与银行的最小距离有10公里以上，占样本总数的7.9%。

农民政治参与的基本状况。样本农民中有政治参与的为280户，占总样本数的37.69%，没有政治参与的达到463户，占总样本数的62.31%。说明大多数样本农民的政治参与活动较少，这与描述性统计中的样本农民受到信贷约束的农民的比例更大的结论是相一致的，初步论证了农民的政治参与对信贷约束的影响。

农民金融参与的基本特征。共447户农民在本地银行（通常是信用合作社）办理了银行卡，另外296户（占比为39.8%）没有任何银行卡。共405户（占54.5%）农户负责人平均每月用银行卡在银行办理业务的次数为0，次数为1和2的户数分别是297和41，比例分别为40.0%和5.5%。

模型所用相关变量及描述性统计如表10－3所示。

表10－3　变量及描述性统计

变量	均值	标准差	最小值	最大值
信贷约束	0.5491	0.4979	0	1
政治参与	0.3769	0.4838	0	1
是否办理了银行卡	0.6016	0.5296	0	1
每月办理业务次数	0.3419	0.4914	0	2
户主性别	0.9392	0.2391	0	1
户主年龄	45.5006	8.2039	24	65
受教育程度	1.8830	0.7501	1	4
耕作经验	18.3109	10.1308	3	60
健康自评	3.1857	0.7808	1	4
加入合作社个数	0.3727	0.4838	0	1
与银行最小距离	0.0986	0.3321	0	3
耕地面积	3.3507	3.4431	1	40
总收入水平	4.8532	3.4752	0.2	30.4
总收入对数	9279.02	21133.66	107.2	303120
抚州	0.3149	0.4648	0	1
吉安	0.3324	0.4714	0	1
赣州	0.3526	0.4781	0	1

10.4 实证结果及分析

10.4.1 Probit 模型回归结果及分析

表 10－4 为运用 Stata13.0 软件得到的 Probit 模型的回归结果，分析如下：

第一，模型的准 R^2 值是 0.2174，似然比统计量为 222.33，回归方程的显著度为 0.0000，说明该模型的联合显著性水平很高。

第二，有些控制变量对农民信贷约束的影响并不显著。回归结果显示，负责人性别这一变量对农民信贷约束有正向影响，但不显著，这可能是因为调研的农户中负责人普遍是男性，男性为负责人的农户有 698 户，占 93.94%，女性为负责人的农户仅为 45 户，比例只有 6.06%。加入合作社的个数与信贷约束不相关，可能的原因是当地合作社的经营规模和效益并没有达到各当事人的预期。回归结果发现耕地面积对信贷约束的影响并不显著，可能的原因是样本农民仍然从事小农经济的生产，居住分散、各自生产为主，农业生产的模型化和专业化程度都非常低。

第三，有些控制变量对农民信贷约束有显著影响。农户负责人年龄、农民整体健康状况显著影响农民信贷约束。年龄变量的系数是负值，说明随着负责人年龄的增长，其受到信贷约束的概率会降低。健康状况变量的系数是正值，说明当农民的整体健康状况越差，该农民受到信贷约束的可能性也就越大。距离变量的系数为 0.0136、P 值为 0.008，表明农民居住地离银行等金融机构越远，其受到信贷约束的可能性越大，可能的原因在于在农村地区通信不是特别发达的条件下，资金供求双方的信息沟通和相互了解会受到影响，因此，会增加信贷交易成本和交易风险。模型的两个地区虚拟变量的回归系数是负值，并在 1% 水平上显著，说明相对于赣州市的农民，吉安市和抚州市的农民受到信贷约束的概率明显更低。

第四，政治参与和金融参与这两个关键变量都显著影响农民的信贷约束。政治参与这一变量的系数为负，并通过了 5% 水平的检验，说明相对没有政治参与的农民，有政治参与的农民受到的信贷约束的概率会更低，符合前文假设 1 的内容。“是否办理了银行卡”和“每月用银行卡在银行办理业务的次数”这两个变量的系数为负，都在 1% 水平下显著，这就表明，农民的金融参与的确能显著缓解农民的信贷约束，这与前文所作的假设 2 相一致。原因在于，农户负责人会办理银行卡就说明对银行的业务及银行卡的使用等都有一定的了解，金融参与能够提升其金融意识，这会促使农民去银行办理业务，而农民负责人每月到银行办理业务的次数越多，银行对农民的了解就会越多，降低了信贷交易成本。

表 10-4 农民信贷约束影响因素的 Probit 模型回归结果

	系数	标准误	Z 统计量	P 值
政治参与	-0.3128	0.1477	-2.12**	0.034
是否有银行卡	-0.9509	0.1067	-8.91***	0.000
每月办理业务次数	-1.1789	0.1145	-10.29***	0.000
户主性别	0.1103	0.2180	0.51	0.613
户主年龄	-0.0151	0.0063	-2.39**	0.017
受教育水平	0.0001	0.0740	0.00	0.999
耕作经验	0.0032	0.0639	0.05	0.960
健康状况	0.0134	0.0054	2.50**	0.013
加入合作社个数	-0.1834	0.1613	-1.14	0.255
与银行最小距离	0.0136	0.0051	2.65***	0.008
耕地面积对数	-0.0021	0.0157	-0.13	0.894
总收入对数	-0.0253	0.0411	-0.62	0.538
抚州市	-1.2305	0.1705	-7.22***	0.000
吉安市	-0.4221	0.1388	-3.04***	0.002
_cons	0.6450	0.5048	1.29	0.198

注：①模型所用样本数为 743，回归模型的准 R^2 值（Pseudo R^2）是 0.2174，似然比统计量（LR chi2）为 222.33，回归方程的显著度（Prob > chi2）为 0.0000；②*、**和***分别表示在 10%、5% 和 1% 统计水平下显著。

10.4.2 平均边际效应回归结果及分析

通过 Probit 模型的回归系数和 P 值，可以判断各变量对信贷约束的影响，但是 Probit 模型的回归结果只能说明各变量对信贷约束的作用方向，并不能说明各变量对信贷约束的作用程度或大小。要测算各自变量对因变量的影响程度必须测算各变量的边际效应（陈强，2014）。边际效应的测算方法不尽相同，且采用不同的方法计算的结果也有较大差异，在做政策研究时，相比计算样本均值处的边际效应和在某处的边际效应，计算样本各自变量均值处的边际效应通常更有意义（陈强，2014）。因此，本章拟采用计算平均边际效应来检验各变量对信贷约束的作用程度。表 10－5 统计了模型的平均边际效应：

表 10－5　模型的平均边际效应

	系数	标准误	Z 统计量	p 值
政治参与	－0. 0125	0. 0035	－3. 57***	0. 002
是否有银行卡	－0. 2940	0. 0278	－10. 58***	0. 000
每月办理业务次数	－0. 3648	0. 0274	－13. 30***	0. 000
户主性别	0. 0342	0. 0670	0. 51	0. 610
户主年龄	－0. 0046	0. 0019	－2. 39**	0. 017
受教育水平	0. 0011	0. 0226	0. 05	0. 960
耕作经验	0. 0017	0. 0196	0. 09	0. 932
健康状况	0. 0039	0. 0016	2. 44**	0. 015
加入合作社个数	－0. 0449	0. 0496	0. 90	0. 366
与银行最小距离	0. 0040	0. 0016	2. 61***	0. 009
耕地面积对数	－4. 66e－06	0. 0048	－0. 00	0. 999
总收入对数	－1. 68e－06	8. 84e－07	－1. 90*	0. 057
抚州市	－0. 3939	0. 0449	－8. 78***	0. 000
吉安市	－0. 1342	0. 0416	－3. 23***	0. 001

注：*、**和***分别表示在 10%、5%和 1%统计水平下显著。

农户负责人的年龄这一变量的系数为－0. 0046，并通过了 1. 7%水平的显著性检验，这一结果表明农户负责人年龄每增长 1 岁，其受到信贷约束的可能性就会下降 0. 46%。系数为 0. 0039、p 值为 0. 015 说明农民的健康自评降到下一个级别，那么其受到信贷约束的概率就要增加 0. 39%。“与银行的最小距离”的回归结果揭示了与银行等金融机构的距离每增加 1 公里，农民受到信贷约束的概率就要增加 0. 40%。两个地区虚拟变量的回归结果表明，相对于赣州市的农民，抚州市和吉安市的农民受到信贷约束的可能性分别低了 39. 39%和 13. 42%。

重点考察农民政治参与和金融参与对信贷约束的影响。“政治参与”的系数为－0. 0125、p 值为 0. 002，表明相比没有任何政治参与行为的农民，有政治参与活动的农民受到信贷约束的可能性要低 1. 25%，金融参与的两个代理变量的回归结果说明，金融参与对农民信贷约束的影响更加显著。金融参与的两个代理变量均通过了1%水平的显著性水平检验，“是否有银行卡”这一变量的系数是-0.2940，说明相比没有办理银行卡业务的农民，能运用银行卡办理相关业务的农民受到信贷约束的概率要低29.40%，可能的原因在于，样本农民中留守在家的负责人大多是老年人，他们使用银行卡的能力有限。鉴于笔者在调研过程中发现，留守在家的居民中居然有近40%的农民从来没有办理过银行卡。“每月用银行卡办理业务的次数”这一变量的系数为-0.3648，P值为0.000，表明农民每月用银行卡在银行办理业务的次数每增加1次，其受到信贷约束的可能性就会低36.48%，说明样本农民能用银行卡并用银行卡办理业务的农民对信贷约束有重大影响，在银行办理银行卡和用银行卡办理业务的次数能够反映农民对银行及其相关业务的了解程度，也关系到银行对农民的熟知程度和信任水平，从而影响农民信贷资金的发放。

10.5 研究结论与政策建议

利用江西省抽样调查的743位农民的数据，样本的统计研究表明，约55%的农民受到信贷约束。Probit模型实证分析了政治参与和金融参与对农民信贷约束有显著影响。样本均值处的边际效应测算结果表明，相比没有任何政治参与行为的农民，有政治参与活动的农民受到信贷约束的概率要低1.25%。相比没有办理银行卡业务的农民，能运用银行卡办理相关业务的农民受到信贷约束的概率要低29.40%。农民每月用银行卡在银行办理业务的次数每增加1次，其受到信贷约束的概率就会低36.48%。本章的研究发现对如何缓解农民的信贷约束具有重要的政策含义。提高农民的政治参与和金融参与是缓解农民信贷约束的有效途径，为此，本章提出以下政策建议：

第一，扩大农民社会网络，提高农民政治参与。既然农民的政治参与有利于缓解其信贷约束，那么就必须要让农民积极实施政治参与行为。社会网络越发达，农民借贷行为越活跃，是缓解其流动性约束的重要手段（马光荣、杨恩艳，2011），社会网络对人们的社会经济地位能够产生巨大的影响力，对提高农民的政治参与有积极意义，这就需要扩大农民社会网络来提高农民的政治参与，让更多的农民有机会参与农村经济和社会发展的各项事务。

第二，增加农民金融意识，增强农民金融参与。金融意识是金融机构及其产品和服务等客观存在在人脑中的反映，提高金融意识有助于人们把握金融运行的本质和规律，能够有效增强农民的金融参与。调研中发现，不像城镇居民每个月必须要办理银行业务，样本农民的家庭成员每月去银行办理业务的次数非常少，最多的也只有 2 次，说明样本农民的金融意识亟待加强，金融参与亟待提高。因此，需要大力发行农村金融通俗读物来增进农民对有关农村金融机构和金融业务知识的了解，加大对农民的金融培训力度，提高移动互联网在农村金融业务中的应用，通过多种途径帮助农民学习或使用有关农村金融知识。

第 11 章　缓解农民信贷约束的对策研究

11.1　充分发挥农民禀赋

11.1.1　提高农民金融意识

对江西省样本农民调研发现，很多农民对金融机构及其产品和服务都不甚了解，有的有些了解但并不非常清楚，导致很多农民没有向金融机构贷款的意愿和行为。另外，信贷风险的存在可能是因为大多农民仍然是风险厌恶型，农民自身很难科学合理地评估借贷成本和收益。从样本农民受到信贷约束的原因分析来看，因借贷风险和借贷成本受到信贷约束的比例最大，占信贷约束农民总数的63%，说明信贷约束也有农民自身金融意识较差的原因。

在上年收入水平一定的条件下，很多农民都受"有多少钱办多大事"思想的影响，那么维持并提高相应的消费水平必然对农业生产的资金投入产生"挤出效应"。结果就是：受到资金约束的农民往往在农业生产中不得不购买更便宜的种子、更少量的农药和化肥，扭曲了农业生产要素投入配置不可能达到最优或更优的产出，农村金融机构对农业生产的金融支持有助于农业生产效率的"帕累托优化"。当更多的农民从金融机构获得更多的资金以更合理的要素投入比例进行农业生产时，农业生产效率就会相应提高，收入增加又反过来提高了农民的还款能力，金融机构对农民发放贷款的概率就会增加。

提高农民金融意识缓解信贷约束的政策建议：第一，扩大农民银行卡的使用范围。金融机构需要努力拓展农民的金融业务，扩大金融知识的宣传，让更多的农民了解农村金融机构及其产品，增加农民的金融活动。在调研中发现，很多信用社都安装了 ATM 机以方便农民办理业务，但平时在家务农的都是年纪较大的农民，受到文化水平或生活习惯等影响，有的农民不会用或不想用，ATM 机并没有发挥其最大效用。也曾有农民想办理银行卡，但银行工作人员发现，要教会一些农民特别是年龄较大的农民使用银行卡实在太费时费力，就不愿给他们办理银行卡。另外，现阶段农民往往都有农保在银行办理的存折，因此认为没有必要再办理银行卡。这就导致银行卡有其自身的优势需要在农村地区充分得到发挥。第二，增加农民在金融机构的存款次数。金融机构可以用悬挂图片或发放传单等方式多宣传银行卡的使用方法最终让更多的农民了解，这样不仅能方便农民办理业务，更主要的是能让农民有一种新的生活方式：把暂时不用的钱都存到银行，而不是自己保管，需要用钱时再到银行提取。如果这种新的生活方式能够形成，那么就能增加农民在银行的存款次数，这不仅有利于银行吸收存款，也有利于银行了解农民的经济状况，更好地甄别信贷风险，从而缓解信贷约束。第三，提高农村消费信贷需求。从江西省样本农民的消费支出结构来看，食品是农户消费最主要的部分，达到45.38%，远远超过了 2013 年中国恩格尔系数 37.9% 的平均水平。后面依次是住房、教育和医疗保健，分别为 13.33%、11.94% 和 10.5%，都超过了 10%，说明这三种支出也是农民最大的支出项目，是消费性信贷的主要用途。因此，农村金融机构要积极宣传住房消费贷款、教育助学贷款和医疗保健类信贷产品，帮助农民了解更多的金融产品，以提高农民信贷需求。

综上所述，要缓解农民信贷约束就必须尽可能地提高农民自身的金融意识。

11.1.2 改善农民健康状况

本书的实证研究用健康自评来衡量健康状况，用“很好、好、一般、很差”四种情况反映农户负责人及其家庭成员的健康状况。研究结果显示，健康状况的估计系数为正，说明健康状况越差，受到信贷约束的概率越大。因此，改善农民健康状况是缓解信贷约束的有效途径。其作用机理如下：

健康作为资本品，既能增加也能降低农民的生产力水平，农民健康受影响会减少劳动时间，使人们的工作能力下降。健康的价值在于它是人类发展的首要目标之一，对经济发展有重要的促进作用，深入理解健康的价值和影响因素能更好地推动人类发展进程（王曲，2005）。世界银行（2007）曾经指出，艾滋病、疟疾、肺结核等疾病使得人们工作能力下降，导致的死亡减少了青壮年劳动力数量，从而使得农业生产率大幅下降。改善农民的医疗卫生条件将会极大地提高这些地方农民的收入水平（张车伟，2003）。

然而，大多数发展中国家对健康状况能够缓解农民信贷约束所起的基础性作用认识不足。健康状况缓解农民信贷约束的作用机理概述如下：如果任何一位农户成员有较大的疾病，那么就会影响整个家庭的生产生活，特别当有成员有重大疾病时，往往会因病致贫，这就会增加农民对金融机构的信贷需求，但也因为还款能力的削弱会增加其信贷约束的概率。反之，若家庭成员的健康状况很好，不仅能降低医疗费用，还能有更好的身体和心态参与生产提高收入，提高还款能力。健康状况影响农民信贷约束不仅会因为疾病的医疗及康复导致农民因病致贫，还会因为身体状况不佳影响农业生产的劳动力投入数量和劳动力的生产效率，从而影响农民的收入预期，降低农民正规信贷的可获得性。

11.2 努力降低农民信贷交易成本

11.2.1 信贷交易成本对农民信贷约束的影响效应

前文用“农户与金融机构的最小距离”作为农民信贷交易成本的代理变量，实证结果表明，农民居住地与金融机构的最小距离每增加 1 公里，受到信贷约束的可能性就会增加 0.40%。这就表明，缩小农户与金融机构的距离能够缓解农民信贷约束，对江西省的调研表明农户与金融机构的最小距离的平均值为 3.35 公里，样本农民居住地相对分散，有的农民居住地与乡镇比较远，在调研中发现，很多地方的金融网点分布在乡镇所在地，农民的金融业务都必须到乡镇办理，农村金融服务的“最后一公里”现象并不少见，偏远地区找不到一家银行网点的情况屡见不鲜。说明还有不少农民的居住地距离乡镇比较远。金融机构能在经营成本和人力资源等全盘考量下，把营业网点进一步深入，势必能有效缓解农民信贷约束。农户与金融机构的最小距离衡量的是交易成本的高低，该研究结果的更重要启示是：充分明白降低交易成本缓解信贷约束的作用机理，进而采取相应的政策措施。

11.2.2 降低交易成本缓解农民信贷约束的作用机理

Oliver E. Williamson（1998）界定的交易成本包括合同签订之前和签订之后

的交易费用，主要包括谈判、草拟合同所产生的成本以及确保合同履行所付出的保证成本和维护制度运行的成本。为了增进了解和信任，交易双方还要获取更多的信息才能达成协议，另外，交易双方还要监督对方是否按照合同所订立的条款来履行其责任。如果对方没有按规定履行合同，就要通知对方作出调整，这时监管费用就会增加。根据上述理论结合样本农户的信贷交易情况，本部分内容所指的交易成本围绕农户信贷合同的签订、履行、控制、监督管理等环节而耗费的人力、物力、财力等资源而展开研究，其中最主要的是产生于农民信贷合同签订前的信息搜集、甄别成本和契约签订后的保证、维护成本，分别概括为信息成本和监管成本。以下具体说明这两种交易成本的构成并阐释两种成本对缓解农民信贷约束的作用机理。

第一，信息成本的构成及其对农民信贷约束的缓解机理。农民信贷约束的主要原因在于信贷资金供求双方的信息不对称所引发的逆向选择和道德风险，这就要求金融机构充分了解相关信息并证实这些信息的真伪，从而提高了农民信贷交易成本。信息成本越高，农民信贷发放越难。农村金融机构为了评判农民信贷业务的风险和成本，就必须进行充分的贷前调查，调查内容主要包括：农民身份、农民收入状况、借款用途、资信状况等；发放担保贷款时保证人的担保资格和收入状况；抵押贷款时抵押物的合法性和合理性等情况。信息甄别的必要性在于金融机构要对农民的众多信息加以鉴别，尽量找出真实可靠的信息。这些信息越真、获取所花费的时间越少，金融机构的贷款风险就越小，成本就越低，就越有利于农民信贷的发放。另外，农民还需要详细了解贷款利率、还款期限、是否需要担保以及抵押品的规定和相关处理等方面的信息。农民获取这些信息越真、所花费的时间越少，信息成本就越低，就越有可能获得贷款。

第二，监管费用的构成及其对农民信贷约束的缓解机理。农民信贷的监管费用包括贷前调查、贷时审查和贷后检查时所引起的费用。但最主要的是贷后检查时所发生的成本，因为贷前调查时的监督可以在贷前信息搜集和甄别的信息成本中体现，而贷时审查的监管费用在农民信贷业务中相对较少，现在着重分析金融机构在发放贷款后为保证贷款能按期收回而进行的贷后监管产生的费用。主要监管活动有：①农户负责人的变动。如农户负责人的流动、变更、死亡等。②农民生产经营业务的变动。如资金的实际用途、经营业绩等情况。③农民家庭总收入的变动情况。如资产状况、有无按期还本付息等。

农民信贷合约的监管费用的高低与信贷约束呈正相关关系。相比其他类型的信贷业务，农民信贷有其自身的特点，如规模较小、农民较分散，因而监管成本更高。农民信贷合同签订后的资金流向可能会因为农民的道德风险、资金的资产专用性属性而随时发生改变，资金的使用效果会因农民的知识水平偏低而下降，即使获得贷款后达到了预期收益，也有可能产生策略性违约。另外，农民往往缺乏抵押品或担保物，金融机构难以对不能按时还款以及最终违约的农民形成有力的约束，这就要求金融机构对农民的生产经营情况进行追踪调查和检查，了解贷款有没有按规定合理使用或者使用不当，导致风险加大，了解农民有没有采取相应的补救措施来防范和化解风险。这就需要金融机构不断完善监管制度，包括组织相关人员对所发放的农民贷款进行定期检查，并且对贷后检查监督工作给予合适的奖惩。农民信贷中应当尽量减少金融机构的监管成本，从而缓解农民信贷约束。

11.2.3　降低交易成本缓解农民信贷约束的政策建议

第一，创建农村信息共享平台，降低金融机构的信息搜集和甄别成本。要缓解农民信贷约束，降低信息成本是关键。要使金融机构更便捷地搜集和甄别信息，当务之急是加快创建农民信息的共享平台。当前，不少部门因为工作的需要都掌握了很多农民的相应信息，如计生办、派出所等；一些业务的开展（如新农合）也有很多真实的农民资料。农村信息共享平台的构建应该先把现有农民基本信息进行整合，通过建设农村信息资源网或者农村档案数字化信息中心达到共享。要达到这个目的，首先，由当地政府牵头，公安、民政、人口计生、卫生等相关部门加强协调与配合。其次，在人力、物力、财力上适当倾斜，使平台创建的各项工作能够有序开展。再次，做好农民数据维护工作，定时更新数据，加强检查和审核，确保信息交换及时、准确、有效。最后，制定、落实防范安全措施，严格保护共享信息以免泄露，确保数据及网络安全。

第二，加强农民信用体系建设，缓解农民信贷约束。农民信用体系的建设和完善，有利于降低农村金融机构的监管费用。应加快建立农民“信用银行”，加强对农民的信用评级，根据其信用等级实施不同的激励机制和惩罚机制（如信用等级低的客户可以提高贷款利率、没收抵押品或者将其行为公开影响其社会名誉等）。通过提高农民信用等级，减少监管活动，增加农民贷款的发放。

11.3　大力发展微型金融

市场失灵是供需双方相互作用的结果，单从一个方面显然不能科学地解决问题。解决农民信贷市场失灵不仅要考虑到需求方的农民，也要充分考虑信贷资金的供给主体的市场行为。微型金融①作为金融服务的制度创新具有为穷人进入信贷市场提供平等机会和促进农村信贷市场发展的潜力，能够有效缓解农民信贷约束问题。因此，本部分内容基于微型金融理论分析发展微型金融缓解农民信贷约束的作用机理和政策建议。

11.3.1 发展微型金融缓解农民信贷约束的经验借鉴和现实基础

1976 年，尤纳斯博士在孟加拉国的农村进行考察时，发现当地的贫穷程度远远超出了他的想象，于是把随身携带的 27 美元借给了当地的 42 个妇女，从此开始了微型金融的发展，如今尤纳斯博士成立的格莱珉银行（Grameen Bank）现已在 37 个不同的国家和地区成立了分支机构，累计发放贷款 87 亿美元（Bruton 等，2011）。为低收入人群提供信贷支持的微型金融在全世界范围内广受欢迎，美国、印度、印度尼西亚、巴西、肯尼亚等国家的 3350 个微型金融机构②的 1 亿 5480 万个分支机构都在发展微型金融业务（Ahlin 等，2010）。虽然农民特别是贫困农民因为收入不稳定以及缺少抵押品等原因无法从金融机构获得贷款，但是农民也有勤劳以及富于生产力等特点，如果利率等贷款方式适当，这些农民也具备还款能力（Courts，2008）。为了改善贫困农民的信贷需求，世界银行联合其他国际组织于 1996 年设立了微型金融扶贫协商小组（CGAP），联合国为了促进千年发展目标的实现，把 2005 年定为“国际小额信贷年”。发展微型金融缓解农民信贷约束已成为这些国际组织的普遍共识。国际范围内的巨大成功说明发展微型金融缓解农民信贷约束是政府制定相关政策的科学依据。

江西省发展微型金融具备了良好的金融基础。江西农村信用社最早在全国推出了农户小额信用贷款，截至 2013 年底，全省共有 2435 万农户从信用社获得了小额农贷产品的支持，该产品还顺利通过了 ISO9001 国际质量体系认证，成为全

---

① 微型金融是在小额信贷的基础上发展起来的，是指对低收入群体、贫困群体或微小企业提供的一揽子的金融服务，包括小额信贷、小额储蓄服务、小额保险、小额租赁和小额支付交易等。在我国当前的理论和实践中，微型金融和小额贷款往往通用。农村微型金融则是指为解决农村金融发展滞后、广大农民特别是贫困农户难以获得金融服务而兴起的金融形式。

② 微型金融机构（Microfinance Institutions，MFIs）是提供微型金融服务的机构，即致力于帮助小企业、穷人和贫困家庭获得金融服务的金融机构。在我国现阶段主要是以农业银行扶贫贴息开展的微型金融项目，农村信用社微型金融项目和小额贷款公司、村镇银行、农村资金互助社、邮政储蓄银行等开展的商业性微型金融信贷业务。

国农村信用社系统内首个通过国际质量认证的金融产品①。2012 年底，江西农信社农业贷款余额为 1541.00 亿元，占各项贷款余额的 81.36%，比年初净增 329.00 亿元，增长了 27.10%，新增农业贷款占新增贷款的 88.92%。江西省农户信贷发放模式经过不断创新和实践，探索出了一条惠农、强农、富农的行之有效的新模式，即“婺源模式”。截至 2011 年底，该县已为县内 7.4 万户农户建立了信用档案，授信额度达 10.83 亿元，农民小额信用贷款余额已达 6.48 亿元，十年来累计发放贷款 35.77 亿元，为当地农民增收致富及农业转型发展等做出了积极的贡献。农信社的实践经验说明增加农民的信贷供给是可行的，是现实所需要的。鉴于小额信贷是微型金融的重要组成部分，这些成功的实践并将为微型金融服务在苏区的开展提供良好的经验借鉴。

11.3.2 微型金融发展缓解农民信贷约束的作用机理

金融支持能够帮助农民增加生产经营的初始禀赋从而提高农民的收入水平。团体贷款是微型金融理论的核心，通过“连带责任”这一静态激励机制以及动态的“停贷威胁”“递增贷款”“组内次序贷款”以及“频繁分期还款”等动态机制，解决了金融机构和农民之间的信息不对称（Ghatak 和 Guinnane，1999）导致的逆向选择和道德风险，克服了农民信贷的抵押物缺失等问题，并能有效激励成员按时还款（Cull 等，2007）。农民之间的互相担保、互助合作、相互监督等激励机制使得微型金融的发展不仅能帮助贫困农民获得信贷，还能在帮助贫困农民通过信贷提高收入水平。Gonzalea Vega（1984）的研究表明，农民初始禀赋及其导致要素投入领域的差异是农民收入差异的根本原因，微型金融不仅能够改善资源配置，而且能够促使农民获得信贷支持提高收入水平。Stigliz（1991）认为因信息不对称，金融机构需要支付高额的信息费用，团体贷款的“横向监督”机制能够有效激励成员之间的相互监督从而降低金融机构的信息搜集和甄别成本。Stiglitz（1991）论述了减少农民之间的信息筛选、监管和实施能降低农民的违约率。Morduch（1999）的研究结果表明，拥有丰富社会资本农民的违约率更低，而随着小组内成员亲戚数量的增加，农民信贷违约率会上升。通过考察南非、亚美尼亚等国家的农民贷款，Bruton 等（2011）研究发现，农民之间的相互信任以及联保小组内农民的同质性与农民的还款率正相关，农民之间的相互了解和信任对农民还款表现的影响并不显著。Ahlin 等（2010）发现农民居住地距离

① 数据来源：《江西省农村信用社（农商银行）2012 年发展报告》和《江西省农村信用社（农商银行）2013 年发展报告》。

金融机构的大小与还款率负相关。

另外，借款人的信贷匹配能提高还款率，Acclassato（2006）认为这是同伴间的相互甄别、监管和实施的结果。金融机构发放农民贷款不仅要考虑农民信贷业务本身，还要考虑良好的监管制度，而团体贷款的农民能够相互监督，这就降低了监管成本，提高金融机构发放农民贷款风险。Ayayi 和 Sene（2010）通过审核 223 个金融机构的财务报表，发现信贷风险管理是发放农民贷款的决定因素，农民信贷利率应足以支付相关成本，发放农民贷款最基本的是成本控制，最重要的是对农民关键信息的收集和使用。

11.3.3 微型金融发展缓解农民信贷约束的影响因素

上述作用机理表明，发展微型金融可以最大限度地缓解农民特别是贫困农民的信贷约束，但关键是微型金融能否在农村有效实施。影响微型金融发展的因素复杂多样，现从可贷资金规模、违约率和利率水平三个方面分析影响微型金融发展的关键因素。

第一，可贷资金规模。金融机构向农民发放的贷款额度受到可贷资金规模的影响，而可贷资金规模又与资金来源渠道息息相关。Hamada（2010）研究表明，有些大型金融机构因为可以获得商业贷款所以资金成本更低，而大部分金融机构因为制度的不完善和监管不力等原因，导致筹资成本增加，可贷资金规模受到制约。就我国启动的新一轮农村金融的增量改革而言，村镇银行的资金来源受到一定限制。2006 年出台的文件规定，村镇银行单一自然人持股比例、单一其他非银行企业法人及其关联方合计持股比例不得超过 10%，虽然这是国家出于防范金融风险而设定的，但实际上使得入股村镇银行的民间资本受到很大的限制。另外，大多数民众对村镇银行的认识不足，还在怀疑和观望中，这些因素导致村镇银行的可贷资金规模受到很大的限制。“农村资金互助社不得向非社员吸收存款”的规定使得互助社的资金来源渠道更加单一。“只贷不存”的限制使得贷款公司资本金约束更为严重。而小额贷款公司①的运营所需的全部资本都源于自身，其发展状况更加受到可贷资金规模的影响。综上所述，农村金融机构的可贷资金规模会影响自身的发展状况，这又会进一步影响农民贷款的发放，因此，增加农村金融机构的可贷资金规模能有效缓解农民的信

① 贷款公司和小额贷款公司之间有联系也有区别。贷款公司由商业银行和农村合作银行全额出资组建，归银监会监管；而小额贷款公司则由自然人、企业法人与其他社会组织投资设立，由各省政府监管。相同点在于，都是为“三农”发展提供贷款服务的非银行金融机构，不能吸收存款。

贷约束。

第二，违约率。违约率的高低会影响农村金融机构对农民贷款的发放。违约率越低，资本收益率就会越高，金融机构的利润水平就会越高，向农民发放贷款的意愿和能力就越强。违约有策略性违约和非策略性违约①之分，农民投资成功并不意味着就一定会偿还贷款②；而投资失败也不意味着就一定不还款，农民可以用家庭其他收入偿还该笔贷款。农民本身并不是单一违约决策主体，因为农民的收益是整个家庭成员所共同的，农民借贷行为的目标是整个家庭的效用最大化，因此，农民违约决策行为是权衡违约收益和违约成本的结果。当违约收益大于违约成本时，就会选择策略性违约。农民贷款投资收益越大，违约概率越小。农民的违约决策行为是微型金融贷款投资收益的函数。当投资收益高的时候，农民的效用损失越小。农民的违约概率会随着投资收益的增加而降低。如果投资收益遭受意外冲击，农民偿还贷款的可能性就会减小。比如，当农民用所得贷款购买一批猪仔饲养，如果发生瘟疫小猪不幸死亡，则贷款偿还的可能性就小；将来所得贷款的投资收益越大，违约概率越小。如果农民估计以后能得到更多的贷款，那么违约的可能性就会更小。将来所得贷款的多少是贷款投资收益的函数，而且，农民会权衡以后能得到更多贷款从而增加消费的可能性。即使现在没有打算以后会有更大的投资，但是如果现在还款，将来可能得到更多的贷款，这就会促使农民偿还原先的贷款；如果违约遭受沉重的社会惩罚，还款的概率越大。农民遭受的社会惩罚力度越大，违约的可能性就会越小。社会惩罚增加了违约成本，降低策略性违约的可能性；农民其他途径的收入越高，还款概率越大。农民其他途径的收入使得贷款人有更多的资源来偿还贷款，即使贷款投资项目失败，仍然有能力偿还贷款。反之，如果遭受意外（如重大疾病）使得收入减少时，即使投资项目非常成功，农民仍有不能偿还贷款的可能性。

因此，要发展微型金融缓解农民信贷约束，农民自身应降低违约率。农民投资收益、农民将来能得到更多贷款金额的预期、农民遭受的社会惩罚力度以及农民其他收入等因素会影响农民的违约率。

第三，利率水平。有观点认为，相对于其他金融机构，农村金融机构创业成本更高，至少要在开业的前5年内实行较高的利率，否则这些新兴的金融机构将会很难维持下去（Ayayi 和 Sene，2010）。2010 年 11 月，孟加拉国决定对微型信

① 当借款人因投资收益不足以支付贷款，真正无力偿还贷款的违约称为非策略性违约；如果借款人有足够的收入来偿还贷款却又认为违约收益大于违约成本而故意违约时，就是策略性违约。

② 原因可能是借款人的信用和道德水平或者是家庭遭遇了不幸等。

贷实行27%的利率上限，这一规定对其他发展中国家乃至全世界范围内的微型金融产生了很大的影响。一般而言，金融机构都是在利润最大化的基础上确定利率水平。但农村金融机构在确定利率水平时，不能仅仅以利润最大化为准则，需要考虑其社会功能。利率太高，会增加农民的借贷成本，导致农民无力偿还贷款，这就会削弱农村金融机构扶贫的社会功能。利率太低，又会减少农村金融机构的利润水平，甚至出现亏损。因此，确定农村金融机构的利率水平是最受争议的。本章参照约纳森·莫达奇（1998）[①] 损益两平利率法来确定农村金融机构发放农民贷款的利率水平。一方面，要满足金融机构运作的可持续性，即获得的利润总额能够足以维持其基本经营，否则需要通过另外的渠道如国家补贴获取资金。那么金融机构一年内发放的贷款的预期收入必须大于发放贷款的总支出。即：

$$S(1+r)(1-a)+I \geqslant S+C \quad (11-1)$$

其中，r 是贷款利率，a 是违约率，S 是一年的贷款规模，I 是投资净收益，C 是利率成本和运作成本等的总和。如果该式不能满足，就要计算最低允许利率，对其进行调整，得到损益两平利率水平，即运作允许利率：

$$r^{*}=(c-i+a)/(1-a) \quad (11-2)$$

$c(c=C/S)$ 是每元贷款一年的总成本，$i(i=I/S)$ 是每元贷款的投资净收益。如果利率低于 r^{*}，金融机构就必须要有另外的资金来维持经营。

另一方面，要满足经济可持续发展。如果在经济上不可持续，就必须从市场上获得所有投入，如果不享受优惠，就不可能生存。在这个基础上来考虑损益两平利率，该利率包含了隐性资助，假定一年隐性资助为 L，$s=L/S$，清偿 r 后，包含全部成本的农村金融机构实现财务可持续的损益两平利率为：

$$r^{\circ}=(c+s+a-i)/(1-a) \quad (11-3)$$

如果利率低于 r°，金融机构就需要获得资助来维持运作。但是如果利率水平高于 r°，原来有意向借款的农民就不一定会借款，即使借款了，由于成本的增加导致农民信贷的违约率增加。因此利率只能提高到盈亏平衡点的水平。如果因为利率的提高导致违约率大幅上升，就不能实现财务可持续性。因此，农村金融机构要增加农民贷款的发放，就必须合理确定农民信贷的利率水平，以确定其能够维持运作的可持续和经济的可持续。

---

① 约纳森·莫达奇．关于小额信贷的可持续性问题［J］．曹洪民译．中国农村经济，1998（9）：33－36.

11.3.4 发展微型金融缓解农民信贷约束的政策建议

微型金融在全世界范围内取得的巨大成功为缓解农民信贷约束提供了很好的思路，因此，中国加快了村镇银行、贷款公司和资金互助社等农村微型金融机构的发展。以现有商业银行为主导，组建村镇银行和贷款公司，鼓励民间资本进入农村金融市场，设立小额贷款公司和资金互助社并进行了审慎监管。为了探索发展微型金融缓解农民信贷约束，前文分析了可贷资金规模、违约率和利率水平等影响农村金融机构发展农民信贷的作用机理。分析结果表明，可贷资金规模、违约率和利率水平影响了金融机构对农民信贷的发放。就这些关键因素提出以下政策建议，以促进微型金融发展，缓解农民信贷约束。

第一，采取多种措施提高农村金融机构的可贷资金规模。一方面，从政策上大力支持民间资本进入农村金融机构，拓宽资金来源渠道。放宽只有商业银行才能作为主发起人、持股 20% 以上、自然人入股农村金融机构持股比例不超过 10% 的规定。引导民间资本发展农村金融机构，适当增加民间资本投资者的持股比例，提高每股股本额度或者扩股增资。另一方面，建立农村金融机构与农业发展银行、农业银行、邮储银行、国家开发银行、国家扶贫开发基金等金融机构的信贷资金批发机制，改变现行农村金融体系下农村资金大量流向城市等众多原因导致的农村金融机构自身发展所需资本不足的状况，为农村金融机构发放农民贷款提供资金方面的支持。对于样本地区的农民而言，提高金融意识，增加每月向金融机构存款的次数，也是增加金融机构的可贷资金规模的有效方式。

第二，努力拓展农村金融机构的业务范围。微型金融是以小额信贷为主、也包括小额储蓄服务、小额保险、小额租赁和小额支付交易等在内的广泛的金融服务，是小额信贷金融深化和持续化发展的结果。小额信贷的发展会推动储蓄、保险、租赁和支付交易的发展，而这些业务的发展也会进一步促进小额信贷业务的发展。农村金融机构往往设立在贫穷落后的地区，与城市相比还有不少的差距，机构人员的业务水平有待进一步提高，技术支持需要进一步改进，异地结算、汇总、信用卡业务等有待进一步的发展。这就要求更多金融人才的支持，应该大力培养或支持高素质的管理人员以及懂操作、精业务的优秀员工充实农村金融机构，以促进这些机构农民信贷业务的快速健康发展。

第三，加强对农村金融机构的监管。新型农村金融机构增加农民信贷的前提是不断提高其自身收益，收益的多少不仅取决于经营状况，还取决于自身发展所具备的外部环境，因此，监管就显得极其重要。监管的难点在于利率的确定，能否确保金融机构获取较大的存贷款利率差，从而增加金融机构发放农民贷款的预期。监管的难点是农民信用体系的建设。应加快农民信用信息基础数据库的建设和管理，畅通金融机构与个人数据库利用的渠道。尽快出台征信法规，创造征信评级机构良好运行的大环境。金融机构和当地公安、税收和计生等相关部门密切协调，和乡镇、村等各级干部紧密配合，完善当地农民的征信体系建设。尽可能了解潜在农民的相关情况和借贷需求，减少农民信贷风险和成本。监管的目的要让金融机构获得相应特许经营权价值，比如农村金融市场垄断产生的价值以及响应政府号召带来的额外收益等。应积极加强对农村金融机构的监督管理，以改善优化其财务状况，增强其农民贷款的发放能力，在缓解农民信贷约束的同时也实现农村金融机构的可持续发展。

第 12 章　总结与展望

12.1　总结

通过前面各章的实证研究和分析，本书研究结论总结如下：

第一，对江西省 40 个县（市）的农民进行随机分层抽样调查，得到 1028 个有效样本。统计分析了农民的人口特征、信贷约束、社会网络和创业等相关情况。结果表明，59% 的样本受到信贷约束，社会网络具有较强的异质性。共有 399 位农民在过去 5 年中有过创业经历，629 位没有创业经历。创业时间均值为 5.74 年，创业时间在 5 年以内的样本数最多，占 60%。创业形式方面，个体户形式最多，占据创业样本总数的 73%，股份制形式只占 3%。创业领域方面的统计数据表明，样本地区农民在餐饮服务业或商贸业领域中创业的人数最多，达到 126 位，占比为 32%，其次为特色种植养殖业，占 26%，在创办合作组织或协会方面的创业人数最少，占比仅为 2%。创业区域方面，84% 的农民选择在本县城以内创业，在县城外创业的仅占 16%。

第二，使用倾向得分匹配法（PSM）实证检验了信贷约束对农民创业的影响。结果表明，约 59% 的样本受到信贷约束，信贷约束会降低农民创业概率约 16%，缓解信贷约束能使农民创业比例提高约 10%。分样本回归的研究结果表明，部分数量型和成本型信贷约束对农民创业的负向影响相对更大，高财富组的信贷约束对农民创业的负向影响要高出 2 个百分点。

第三，使用 PSM 研究了社会网络对农民创业的影响。结果表明，社会网络较强的农民创业的概率要低 7%，如果不改善其社会网络状况，创业比例会下降约3%。说明社会网络对样本地区农民的创业支持显得心长绠短，主要原因在于，社会网络在农民创业资源方面嵌入不足，在非创业资源方面嵌入过度，导致社会网络对农民创业的负外部性大于正外部性。

第四，考察了信贷约束和社会网络的交互作用对农民创业的影响。研究发现，没有受到信贷约束且拥有强社会网络的农民的创业概率低约9%。说明促进农民创业既要大力改善农民的融资环境，又要重新审视社会网络对创业的影响。

第五，基于中国家庭追踪调查6581个农村样本数据，本书采用内生转换Probit模型，实证考察了土地转出和转入的影响因素以及土地转出和转入对农民创业的异质性作用机理。研究结果表明：一方面，土地转出和转入对农民创业都有显著正向效应，但土地转入的创业效应更大。另一方面，土地转出对新生代农民的创业效应比对老一代农民的大，土地转入对老一代农民的创业效应比对新生代农民的大。土地转出对东北地区农民的创业效应最大，土地转入对东部地区农民的创业效应最大。

第六，实证研究了信贷约束及其类型异质性对农民创业绩效的影响。内生处理效应模型的估计结果表明，相比无信贷约束样本，受到信贷约束的创业农民的财务绩效低94%，充分缓解其信贷约束能提升财务绩效约45%。结合控制方程方法、OLS模型的回归结果表明，相比无信贷约束样本，受到完全数量型信贷约束、风险型信贷约束和部分数量型信贷约束的农民创业财务绩效分别低34%、26%和16%。

第七，考察了社会网络对农民创业绩效的影响。OLS模型和IV-2SLS模型的研究结果发现，社会网络能显著提高农民创业财务绩效。相比没有受到信贷约束的农民，受到信贷约束的农民创业财务绩效要更低。分位数回归模型的估计系数表明，不管在哪个分位点，社会网络对农民创业财务绩效都有显著正向影响。从0.25分位点开始，社会网络对农民创业财务绩效的影响随着分位点的提高而增大。

第八，研究了非农就业对农民信贷约束的影响。利用内生转换Probit模型，研究了非农就业对农民信贷约束的影响。实证结果表明，一方面，非农就业会降低农民信贷约束的概率为48.5%。另一方面，异质性估计结果显示，年轻的农民和东北地区的农民受到信贷约束的概率更低。研究表明，要采取措施鼓励农民非农就业，从而降低农民信贷约束。

第九，考察了政治参与、金融参与对农民信贷约束的影响程度和作用机理。利用2013年调研的743份江西省农民样本数据，基于Probit模型的研究结果表明，约55%的样本农民受到信贷约束，政治参与和金融参与对农民信贷约束都具有显著正向影响。

第十，分析缓解农民信贷约束的影响因素。从农户禀赋、信贷交易成本和微型金融的视角探索缓解农民信贷约束的有效途径，进而提出缓解农民信贷约束的政策建议。

12.2 展望

本书对信贷约束和社会网络对农民创业的影响进行了较为系统的研究，但受时间、成本以及笔者知识结构、学术水平等因素的影响，对该问题的研究仍有很多地方需要进一步优化。第一，调研区域的局限性。课题只选取了江西省40个县（市），如果能扩展到中国其他省份，样本就会有更好的代表性，研究结论也会有更强的说服力。另外，受时间限制，未能进行追踪调研，无法考察农民创业影响因素的动态作用机制。第二，研究对象有局限性。受条件限制，问卷的发放对象都是农民，但在新型农业经营主体较完善的地区，金融机构发放贷款的对象不一定是分散的单个农民，也可能是种养大户、家庭农场和合作社等新型农业经营主体，贷款主体的范围在这些地区可能还需要进一步扩大。另外，也未能向金融机构发放问卷调查，不能从供给的角度对这一问题进行更全面的实证研究。第三，创业影响因素的局限性。农民创业是各种因素综合作用的结果，增加信贷支持是一种重要的解决方式和途径，这是本书研究的重点，但如何从加强农民社会网络从而促进创业的研究还未能详细开展，这将被视为后续研究。

基于上述概括的不足之处以及笔者在现有研究基础上对该问题的新认识、新思路，本书提出以下几点研究展望：

第一，研究主体的展望。随着中国农业经营规模以及农业经营主体发展的现实需求，农村金融机构的服务主体也呈现出多样化的特点。金融机构的服务对象不再局限于从事小规模农业生产的农民，还包括从事规模经营的家庭农场等，如果某个地区的非农民生产比较发达，那么贷款的发放领域可能不再单纯投向农业生产，发放重点可能是其他非农生产部门。

第二，研究内容的展望。虽然本书重点研究了信贷约束和社会网络及其交互作用对农民创业的影响效应和作用机制，并着重从多个角度考察了缓解信贷约束的影响因素。但从制度供给角度（如政策支持环境、科技文化环境和基础设施环境）的研究还未完全开展。

第三，研究方法的展望。实证研究方面，本书使用截面数据对相关内容进行考察，未来将采用面板数据进一步考察信贷约束和社会网络对创业影响的动态机制。理论研究方面，当前大多文献就创业的实证研究较多，理论研究偏少。在未来的研究中，应加强对农民创业相关理论的分析，从理论上探讨促进农民创业的作用机制。

参考文献

［1］ Abbay, A. G. , R. P. J. H. Rutten, P. M. De Graaf. Social Capital, Geographical Distance and Transaction Costs: An Empirical Analysis of Social Networks in African Rural Areas ［J］. Review of Urban & Regional Development Studies, 2018, 30 (3): 1 -23.

［2］ Abdoulaye, S. Heterogeneous Credit Constraints and Smallholder Farming in Senegal ［J］. AgEcon, 2018, (4): 1 -20.

［3］ Abdulai Awudu, Wallace Huffman. The Adoption and Impact of Soil and Water Conservation Technology: An Endogenous Switching Regression Application ［J］. Land Economics, 2014, 90 (1): 26 -43.

［4］ Anderson, A. R. , Dodd S. D. , S. Jack. Network Practices and Entrepreneurial Growth ［J］. Scandinavian Journal of Management, 2010, 26 (2): 121 -133.

［5］ Ang, J. S. , C. Wu, Y. Cheng, Does Enforcement of Intellectual Property Rights Matter in China? Evidence from Financing and Investment Choices in the High Tech Industry ［J］. SSRN Electronic Journal, 2010, 96 (5): 332 -348.

［6］ Aparicio, S. , D. Urbano, D. Audretsch. Institutional Factors, Opportunity Entrepreneurship and Economic Growth: Panel Data Evidence ［J］. Technological Forecasting and Social Change, 2016, 102 (3): 45 -61.

［7］ Aarstad, J. , Haugland, S. A. , Greve, A. Performance Spillover Effects in Entrepreneurial Networks: Assessing a Dyadic Theory of Social Capital ［J］. Entrepreneurship Theory and Practice, 2010, 34 (5), 1003 -1019.

［8］ Bailey, M. , Cao, R. , Kuchler, T. , Stroebel, J. The Economic Effects of Social Networks: Evidence from the Housing Market ［J］. SSRN Electronic Journal, 2016: 1 -86.

[9] Batjargal, B. Social Capital and Entrepreneurial Performance in Russia: A Panel Study [J] . Organization Studies, 2003, 24 (4): 535 –556.

[10] Bauernschuster, S. , Falck, O. , Heblich, S. Social Capital Access and Entrepreneurship [J] . Journal of Economic Behavior & Organization, 2010, 76 (3): 821 –833.

[11] Bernhardt, D. Credit Rationing? [J] . The American Economic Review, 2000, 90 (1): 235 –239.

[12] Brown, J. R. , S. M. Fazzari, B. C. Petersen. Financing Innovation and Growth: Cash Flow , External Equity , and the 1990s R & D Boom [J] . The Journal of Finance, 2018, 64 (1): 151 –185.

[13] Boucher, S. R. , C. Guirkinger, C. Trivelli. Direct Elicitation of Credit Constraints: Conceptual and Practical Issues with an Application to Peruvian Agriculture [J] . Economic Development and Cultural Change, 2009, 57 (4): 609 –640.

[14] Bocher, T. F. , B. A. Alemu, Z. G. Kelbore. Does Access to Credit Improve Household Welfare? Evidence from Ethiopia Using Endogenous Regime Switching Regression [J] . African Journal of Economic and Management Studies, 2017, 60 (4): 69 –81.

[15] Caliendo, M. , S. Kopeinig. Some Practical Guidance for the Implementation of Propensity Score Matching [J] . Journal of Economic Surveys, 2008, 22 (1): 31 –72.

[16] Cao, Q. , Xiang, H. , Mao, Y. , Yang, B. Social Capital at Venture Capital Firms and Their Financial Performance [R] . Evidence from Chin IDEAS Working Paper Series from RePEc, 2018.

[17] Carter, N. M. , W. B. Gartner, P. G. Greene. The Career Reasons of Minority Nascent Entrepreneurs [J] . Journal of Business Venturing, 2003, 4 (1): 13 –39.

[18] Chamberlin, J. , J. Ricker – Gilbert. Participation in Rural Land Rental Markets in Sub – Saharan Africa: Who Benefits and by How Much? Evidence from Malawi and Zambia [J] . American Journal of Agricultural Economics, 2016, 98 (5): 1507 –1528.

[19] Chandio, A. A. , Y. Jiang, F. Wei, A. Rehman, D. Liu. Famers' Access to Credit: Does Collateral Matter or Cash Flow Matter? —Evidence from Sindh,

Pakistan [J] . Cogent Economics & Finance , 2017, 5 (1): 1 – 13.

[20] Chowdhury Farzana, David B. Audretsch, Maksim Belitski. Institutions and Entrepreneurship Quality [J] . Entrepreneurship Theory and Practice, 2019, 43 (1): 51 – 81.

[21] Chen, X. , Zhou, L. , Wan, D. Group Social Capital and Lending Outcomes in the Financial Credit Market: An Empirical Study of Online Peer – to – Peer Lending [J] . Electronic Commerce Research and Applications, 2016, 15 (3): 1 – 13.

[22] Chen, Y. , Zhou, X. , Yang, G. , Bao, J. , Wang, G. Social Networks as Mediator in Entrepreneurial Optimism and New Venture Performance [J]. Social Behavior and Personality: An International Journal, 2017, 45 (4): 551 – 562.

[23] Ciftci, M. , W. M. Cready. Scale Effects of R&D as Reflected in Earnings and Returns [J] . Journal of Accounting and Economics, 2011, 52 (1): 62 – 80.

[24] Cooper, A. C. , F. J. Gimeno – gascon, C. Y. Woo, Initial Human and Financial Capital as Predictors of New Venture Performance [J] . Journal of Business Venturing, 1994, 9 (5): 371 – 395.

[25] Covin, J. G. , D. P. Slevin. A Conceptual Model of Entrepreneurship as Firm Behavior [J] . Entrepreneurship Theory and Practice, 1991, 16 (1): 7 – 26.

[26] Dai, W. D. , Mao, Z. E. , Zhao, X. R. , Mattila, A. S. How Does Social Capital Influence the Hospitality Firm's Financial Performance? [J] . International Journal of Hospitality Management, 2015 (51): 42 – 55.

[27] David, B. Audretsch , Oliver Falck, M. P. F. & S. H. Entrepreneurship in Context [EB/OL] . Routledge. Available at: https: //www. taylorfrancis. com/books/9780203802090.

[28] Davis, S. J. , J. Haltiwanger. Gross Job Creation, Gross Job Destruction, and Employment Reallocation [J] . The Quarterly Journal of Economics, 1992, 107 (3): 819 – 863.

[29] Djankov, S. , Y. Qian, G. Roland, E. Zhuravskaya. Who Are China's Entrepreneurs? [J] . American Economic Review, 2014, 96 (2): 348 – 352.

[30] E. Saqib, S. , J. K. M. Kuwornu, S. Panezia, U. Ali. Factors Determining Subsistence Farmers' Access to Agricultural Credit in Flood – Prone Areas of Pakistan [J] . Kasetsart Journal of Social Sciences, 2018, 39 (2): 262 – 268.

[31] Evans, D. S. , B. Jovanovic. An Estimated Model of Entrepreneurial

Choice under Liquidity Constraints [J]. Journal of Political Economy, 2002, 97 (4): 808 – 827.

[32] Fafchamps, M. Returns to Social Network Capital Among Traders [J]. Oxford Economic Papers, 2002, 54 (2): 173 – 206.

[33] Falkinger, J., V. Grossmann. Oligarchic Land Ownership, Entrepreneurship, and Economic Development [J]. Journal of Development Economics, 2013, 101 (1): 206 – 215.

[34] Florida, R., Gates, G., Knudsen, B., Stolarick, K. The University and the Creative Economy [EB/OL]. http://Creativeclassgroup.Com/Rfcgdb/Articles/University%20For%20City%20and%20Community%204.

[35] Freire – Gibb, L. C., and K. Nielsen. Entrepreneurship Within Urban and Rural Areas: Creative People and Social Networks [J]. Regional Studies, 2014, 48 (1): 139 – 153.

[36] Gentry, W. M., R. G. Hubbard. Entrepreneurship and Household Saving [J]. Advances in Economic Analysis & Policy, 2004, 4 (1): 1 – 57.

[37] Grootaert, C. Social Capital, Household Welfare and Poverty in Indonesia [R]. Policy Research Working Paper, 1999.

[38] Guzman, J., S. Stern. Where is Silicon Valley? [J]. Science, 2015, 347 (6222): 606 – 609.

[39] Hamada, M. Financial Services to the Poor: An Introduction to the Special Issue on Microfinance [J]. Developing Economies, 2010, 48 (1): 1 – 14.

[40] Hamilton, B. H. Does Entrepreneurship Pay? An Empirical Analysis of the Returns to Self – Employment [J]. Journal of Political Economy, 2000, 108 (3): 604 – 631.

[41] Hayton, J. C. Strategic Human Capital Management in SMEs: An Empirical Study of Entrepreneurial Performance [J]. Human Resource Management, 2003, 42 (4): 375 – 391.

[42] Heckman, J., H. Ichimura, P. Todd. Matching as an Econometric Evaluation Estimator [J]. The Review of Economic Studies Limited, 1998 (65): 261 – 294.

[43] Heikkil, A., P. Kalmi, O. Ruuskanen. Social Capital and Access to Credit: Evidence from Uganda [J]. The Journal of Development Studies, 2016, 52

(9): 1273 - 1288.

[44] Holtz - Eakin, D., D. Joulfaian, H. S. Rosen. Sticking it Out: Entrepreneurial Survival and Liquidity Constraints [J]. Journal of Political Economy, 1994, 102 (1): 53 - 75.

[45] Hurst, E., A. Lusardi. Liquidity Constraints, Wealth Accumulation and Entrepreneurship Liquidity Constraints, Wealth Accumulation and Entrepreneurship [J]. Journal of Political Economy, 2002, 112 (2): 1 - 53.

[46] Hurst, E., B. W. Pugsley, J. Haltiwanger, E. Hurst. What do Small Businesses Do? [J]. Brookings Papers on Economic Activity, 2011 (8): 73 - 142.

[47] Jano, P. A. Quality Choice and Market Access: Evidence from Chilean Wine Grape Production [J]. Agribusiness, 2017, 33 (3): 324 - 338.

[48] John C. Fei, G. Ranis. Innovation, Capital Accumulation, and Economic Development [J]. The American Economic Review, 1963, 53 (3): 283 - 313.

[49] Kaika, M., L. Ruggiero. Land Financialization as a "Lived" Process: The Transformation of Milan's Bicocca by Pirelli [J]. European Urban and Regional Studies, 2016, 23 (1): 3 - 22.

[50] Klapper, L., L. Laeven, R. Rajan. Entry Regulation as a Barrier to Entrepreneurship [J]. Journal of Financial Economics, 2006, 82 (3): 591 - 629.

[51] Kopeinig, M. C. and S. Funding Ontario Hospitals in the Year 2000: Implications for the JPPC Hospital Funding Committee [J]. Journal of Economic Surveys, 2008, 22 (1): 31 - 72.

[52] Koenker, R., Bassett, G. Regression Quantiles [J]. Econometrica, 1978, 46 (1): 33 - 50.

[53] Lin, N. Social Capital: A Theory of Social Structure and Action [J]. Acta Sociologica, 2001, 44 (2): 131 - 133.

[54] Lewis, W. A. Economic Development with Unlimited Supplies of Labour [J]. The Manchester School, 1954, 22 (2): 139 - 191.

[55] Loasby, B. J. A Cognitive Perspective on Entrepreneurship and the Firm [J]. Journal of Management Studies, 2007, 44 (7): 1078 - 1106.

[56] Lokshin, M., Z. Sajaia. Impact of Interventions on Discrete Outcomes: Maximum Likelihood Estimation of the Binary Choice Models with Binary Endogenous Regressors [J]. The Stata Journal, 2011, 11 (3): 368 - 385.

[57] Lokshin, M. , Z. Sajaia. Maximum Likelihood Estimation of Endogenous Switching Regression Models [J] . The Stata Journal, 2004 (4): 282 -289.

[58] Lucas, R. E. , World Devziopment Report [J] . Journal of Monetary Economics, 1988, 22 (February): 3 -42.

[59] Ma, H. Z. , X. R. Wang. Influencing Factor Analysis of Credit Risk in P2P Lending Based on Interpretative Structural Modeling [J] . Journal of Discrete Mathematical Sciences and Cryptography, 2016, 19 (3): 777 -786.

[60] Ma, S. , X. Wu, L. Gan. Credit Accessibility, Institutional Deficiency and Entrepreneurship in China [J] . China Economic Review, 2019 (54): 160 -175.

[61] Ma, W. , A. Abdulai. IPM Adoption, Cooperative Membership and Farm Economic Performance [J] . China Agricultural Economic Review, 2019, 11 (2): 218 -236.

[62] Ma, W. , A. Renwick, Q. Grafton. Farm Machinery Use, Off - farm Employment and Farm Performance in China [J] . Australian Journal of Agricultural and Resource Economics, 2018, 62 (2): 279 -298.

[63] Ma, W. , A. Renwick, P. Nie, J. Tang, R. Cai. Off - farm Work, Smartphone Use and Household Income: Evidence from Rural China [J] . China Economic Review, 2018, 52 (May): 80 -94.

[64] Ma, W. , A. Abdulai, R. Goetz. Agricultural Cooperatives and Investment in Organic Soil Amendments and Chemical Fertilizer in China [J] . American Journal of Agricultural Economics, 2018, 100 (2): 502 -520.

[65] Manev, I. M. , B. S. Gyoshev, T. S. Manolova. The Role of Human and Social Capital and Entrepreneurial Orientation for Small Business Performance in a Transitional Economy [J] . International Journal of Entrepreneurship & Innovation Management, 2005, 5 (3/4): 298 -318.

[66] Mark, S. Granovetter. The Strength of Weak Ties [J] . American Journal of Sociology, 1982, 80 (6): 1360 -1380.

[67] Matshe, I. , T. Young. Off -farm Labour Allocation Decisions in Small - Scale Rural Households in Zimbabwe [J] . Agricultural Economics, 2004, 30 (3): 175 -186.

[68] Miguel, B. Y. E. , M. Kremer. Worms: Identifying Impacts on Education and Health in the Presence of Treatment Externalities [J] . Econometrica, 2004, 72

(1): 159 -217.

[69] Mishra, A. K. , K. A. Mottaleb, S. Mohanty. Impact of Off - farm Income on Food Expenditures in Rural Bangladesh: An Unconditional Quantile Regression Approach [J] . Agricultural Economics, 2015, 46 (2): 139 -148.

[70] Munshi, K. , M. Rosenzweig. Traditional Institutions Meet the Modern World: Caste, Gender, and Schooling Choice in a Globalizing Economy [J] . American Economic Review, 2006, 96 (4): 1225 -1252.

[71] Murro, P. , V. Peruzzi. Family Firms and Access to Credit. Is Family Ownership Beneficial? [J] . Journal of Banking & Finance, 2019 (101): 173 - 187.

[72] Narayan, D. , L. Pritchett. Cents and Sociability: Household Income and Social Capital in Rural Tanzania [J] . Economic Development and Cultural Change, 1999, 47 (4): 871 -897.

[73] Njogu, G. K. , T. Olweny, A. Njeru. Relationship Between Farm Production Capacity and Agricultural Credit Access from Commercial Banks [J] . International Academic Journal of Economics and Finance, 2018, 3 (1): 159 -174.

[74] Nouhoheflin, T. , Coulibaly, J. Y. , D' Alessandro, S. , Aitchédji, C. C. , Damisa, M. , Baributsa, D. , Lowenberg - DeBoer, J. Management Lessons Learned in Supply Chain Development? [J] //The Experience of PICS Bags in West and Central Africa. International Food and Agribusiness Management Review, 2017, 20 (3): 427 -438.

[75] Ogundeji, A. A. , E. Donkor, C. Motsoari, S. Onakuse. Impact of Access to Credit on Farm Income: Policy Implications for Rural Agricultural Development in Lesotho [J] . Agrekon, 2018, 57 (2): 152 -166.

[76] Ottaviano, G. I. P. , Peri, G. Cities and Cultures [J] . Journal of Urban Economics, 2005 (58): 89 -96.

[77] P. Aghion, P. Howitt. A Model of Growth Through Creative Destruction [J] . Econometrica, 2013, 60 (2): 323 -351.

[78] Pandit, S. , C. E. Wasley, T. Zach. The Effect of R&D Inputs and Outputs on the Relation Between the Uncertainty of Future Operating Performance and R&D Expenditures [J] . Ssrn Electronic Journal, 2009.

[79] Paolillo, J. C. Language Variation on Internet Relay Chat: A Social Net-

work Approach [J]. Journal of Sociolinguistics, 2001, 5 (2): 180-213.

[80] Petit, O., M. Kuper, F. Ameur. From Worker to Peasant and Then to Entrepreneur? Land Reform and Agrarian Change in the (Morocco) [J]. World Development, 2018 (105): 119-131.

[81] Peter, F. Korsching, G. Peter, J. D. Hunger. Founder Motivation and Community Context Interaction in Entrepreneurship for Small City Smart Growth [J]. Proceedings of the 14th Conference on the Small City and Regional Community September, 2001 (29): 347-358.

[82] Pham, T., O. Talavera. Discrimination, Social Capital, and Financial Constraints: The Case of Viet Nam [J]. World Development, 2018, 102: 228-242.

[83] Pissarides, F., M. Singer, J. Svejnar. Objectives and Constraints of Entrepreneurs: Evidence from Small and Medium Size Enterprises in Russia and Bulgaria [J]. Journal of Comparative Economics, 2003, 31 (3): 503-531.

[84] Poon, J. P. H., Thai, D. T., Naybor, D. Social Capital and Female Entrepreneurship in Rural Regions: Evidence from Vietnam [J]. Applied Geography, 2012, 35 (2): 308-315.

[85] Rajeev, D., S. Wahba. Propensity Score Matching Methods for Non-experimental Causal Studies [J]. The Review of Economics and Statistics, 2002, 84 (1): 151-161.

[86] Ratna, N., Grafton, R. Q., To, H. The "Paradox of Diversity": Economic Evidence from US Cities 1980—2010 [J]. Asia & the Pacific Policy Studies, 2017, 4 (1): 20-37.

[87] Rogers, E., Medina, U., Rivera, M., Wiley, C. Complex Adaptive Systems and the Diffusion of Innovations [J]. Anticancer Research, 2005, 23 (2): 851-853.

[88] Romer, P. M. Increasing Returns and Long-run Growth [J]. Journal of Political Economy, 1986, 94 (5): 1002-1037.

[89] Rosenbaum, P. R., D. B. Rubin. The Central Role of the Propensity Score in Observational Studies for Causal Effects [J]. Biometrika, 1983, 70 (1): 41-55.

[90] Santarelli, E., Tran, H. T. Diversification Strategies and Firm Perform-

ance: A Sample Selection Approach [Z] . SSRN Electronic Journal, 2013.

[91] Shane, S. Venkataraman, S. Note the Promise of Entrepreneurship As a Field of Research [J] . Academy of Management Review, 2000, 25 (1): 217 - 226.

[92] Schmitz, J. A. Imitation, Entrepreneurship, and Long - run Growth [J]. Journal of Political Economy, 1989, 97 (3): 721 - 739.

[93] Schumpeter, J. The Theory of Economic Development [M] . Boston: Kluwer Academic Publishers, 2003: 61 - 116.

[94] Scheyvens, R. , G. Banks, L. Meo - Sewabu, T. Decena. Indigenous Entrepreneurship on Customary Land in the Pacific: Measuring Sustainability [J] . Journal of Management & Organization, 2017, 23 (6): 774 - 785.

[95] Sobel, R. S. Testing Baumol: Institutional Quality and the Productivity of Entrepreneurship [J] . Journal of Business Venturing, 2008, 23 (6): 641 - 655.

[96] Stam, W. , Arzlanian, S. , Elfring, T. Social Capital of Entrepreneurs and Small Firm Performance: A Meta - Analysis of Contextual and Methodological Moderators [J] . Journal of Business Venturing, 2014, 29 (1): 152 - 173.

[97] Szreter, S. , Woolcock, M. Health by Association? Social Capital, Social Theory, and the Political Economy of Public Health [J] . International Journal of Epidemiology, 2004, 33 (4): 650 - 667.

[98] Talavera, O. , L. Xiong, X. Xiong. Social Capital and Access to Bank Financing: The Case of Chinese Entrepreneurs [J] . Emerging Markets Finance and Trade, 2012, 48 (1): 55 - 69.

[99] Tran, T. K. Van, E. Elahi, L. Zhang, M. Abid, Q. T. Pham, T. D. Tran. Gender Differences in Formal Credit Approaches: Rural Households in Vietnam [J] . Asian - Pacific Economic Literature, 2018, 32 (1): 131 - 138.

[100] Turvey, C. G. , X. Xiong. Financial Inclusion, Financial Education, and E - commerce in Rural China [J] . Agribusiness, 2017, 33 (2): 279 - 285.

[101] Van Praag, C. M. , J. S. Cramer. The Roots of Entrepreneurship and Labour Demand: Individual Ability and Low Risk Aversion [J] . Economica, 2001, 68 (269): 45 - 62.

[102] Vissing - Jorgensen, A. , T. J. Moskowitz. The Returns to Entrepreneurial Investment: A Private Equity Premium Puzzle? [J] . American Economic Review,

2002, 92 (4): 745 – 778.

[103] Welsh, D. H. B., Kaciak, E., Shamah, R. Determinants of Women Entrepreneurs' Firm Performance in a Hostile Environment [J]. Journal of Business Research, 2018, 88 (6): 481 – 491.

[104] Wickramaratne, A., Kiminami, A., Yagi, H. External Relationships and Entrepreneurial Orientation of Tea Manufacturing Firms in Sri Lanka [J]. International Food and Agribusiness Management Review, 2017, 20 (3): 293 – 306.

[105] Wooldridge, J. M. Control Function Methods in Applied Econometrics [J]. Journal of Human Resources, 2015, 50 (2): 420 – 445.

[106] Xie, X., Lv, J. Social Networks of Female Tech – Entrepreneurs and New Venture Performance: The Moderating Effects of Entrepreneurial Alertness and Gender Discrimination [J]. International Entrepreneurship and Management Journal, 2016, 12 (4): 963 – 983.

[107] Yu, T. L., Wang, J. – H. Factors Affecting Social Entrepreneurship Intentions Among Agricultural University Students in Taiwan [J]. International Food and Agribusiness Management Review, 2019, 22 (1): 107 – 118.

[108] Zahra, S. A. A Conceptual Model of Entrepreneurship as Firm Behavior: A Critique and Extension [J]. Entrepreneurship Theory and Practice, 1993, 17 (4): 5 – 21.

[109] Zhang, L., W. Su, T. Eriksson, C. Liu. How Off – farm Employment Affects Technical Efficiency of China's Farms: The Case of Jiangsu [J]. China & World Economy, 2016, 24 (3): 37 – 51.

[110] Zhang, Q., Fung, H. China's Social Capital and Financial Performance of Private Enterprises [J]. Journal of Small Business and Enterprise Development, 2006, 13 (2): 198 – 207.

[111] 边燕杰，张文宏．经济体制、社会网络与职业流动 [J]．中国社会科学，2001 (2): 77 – 89 + 206.

[112] 柏培文，杨志才．中国二元经济的要素错配与收入分配格局 [J]．经济学（季刊），2019，18 (2): 639 – 660.

[113] 陈东．私营企业出资人背景、投机性投资与企业绩效 [J]．管理世界，2015 (8): 97 – 119 + 187 – 188.

[114] 陈飞，翟伟娟．农户行为视角下农地流转诱因及其福利效应研究

［J］．经济研究，2015，50（10）：163－177.

［115］陈军，曹远征．农村金融深化与发展评析［M］．北京：中国人民大学出版社，2008.

［116］陈前恒，魏文慧．草根组织经历与政治参与：来自中国村庄选举的证据［J］．中国农村观察，2016（1）：38－50.

［117］陈鹏，臧雷振．媒介与中国农民政治参与行为的关系研究——基于全国代表性数据的实证分析［J］．公共管理学报，2015，12（3）：69－84.

［118］陈强．高级计量经济学及 Stata 应用（第二版）［M］．北京：高等教育出版社，2014.

［119］陈锡文．资源配置与中国农村发展［J］．中国农村经济，2004（1）：1－6.

［120］陈昭玖，邓莹，申云．农民工就业能力的影响因素分析［J］．江西农业大学学报（社会科学版），2012（6）：14－19.

［121］陈昭玖，朱红根．人力资本、社会资本与农民工返乡创业政府支持的可获性研究——基于江西 1145 份调查数据［J］．农业经济问题，2011（5）：54－60.

［122］程名望，史清华．就业风险、就业环境、就业条件与农村剩余劳动力转移——基于沪、鲁、晋 364 份务工样本的实证分析［J］．管理评论，2010（12）：11－18.

［123］程郁，罗丹．信贷约束下中国农户信贷缺口的估计［J］．世界经济文汇，2012（2）：69－80.

［124］程郁，罗丹．信贷约束下农户的创业选择——基于中国农户调查的实证分析［J］．中国农村经济，2009（11）：25－38.

［125］董进才．专业合作社农民政治参与状况分析——基于浙江省示范合作社的调查［J］．农业经济问题，2009（9）：45－50.

［126］董晓林，孙楠，吴文琪．人力资本、家庭融资与农户创业决策——基于 CFPS7981 个有效样本的实证分析［J］．中国农村观察，2019（3）：109－123.

［127］董晓林，朱敏杰，张晓艳．农民资金互助社对农户正规信贷配给的影响机制分析——基于合作金融“共跻监督”的视角［J］．中国农村观察，2016（1）：63－74.

［128］盖庆恩，朱喜，史清华．劳动力转移对中国农业生产的影响［J］．经济学（季刊），2014（4）：1147－1170.

［129］高静，张应良．农户创业：初始社会资本影响创业者机会识别行为研究——基于518份农户创业调查的实证分析［J］．农业技术经济，2013（1）：32－39.

［130］盖庆恩，朱喜，史清华．财富对创业的异质性影响——基于三省农户的实证分析［J］．财经研究，2013（5）：134—144.

［131］辜胜阻，武兢．扶持农民工以创业带动就业的对策研究［J］．中国人口科学，2009（3）：2－12.

［132］郭红东，丁高洁．关系网络、机会创新性与农民创业绩效［J］．中国农村经济，2013（8）：78－87.

［133］郭红东，丁高洁．社会资本、先验知识与农民创业机会识别［J］．华南农业大学学报（社会科学版），2012（3）：78－85.

［134］郭红东，周惠珺．先前经验、创业警觉与农民创业机会识别［J］．浙江大学学报（人文社会科学版），2013（4）：17－27.

［135］郭锦墉，杨国强，梁志民，肖芳文．农民工职业流动性代际差异分析［J］．农业技术经济，2014（10）：38－47.

［136］郭君平，王春来，张斌，吴国宝．转型期农村妇女政治参与态度与行为逻辑分析——以苏、辽、赣、宁、黔五省（区）为例证［J］．中国农村观察，2016（3）：27－41.

［137］郭星华，郑日强．农民工创业：留城还是返乡？——对京粤两地新生代农民工创业地选择倾向的实证研究［J］．中州学刊，2013（2）：64－69.

［138］韩长赋．积极推进小农户和现代农业发展有机衔接［J］．农村实用技术，2018（3）：22－24.

［139］何广文，李莉莉．大型商业银行的小额信贷之路［J］．农村金融研究，2011（5）：21－26.

［140］韩炜，杨俊，陈逢文，张玉利，邓渝．创业企业如何构建联结组合提升绩效？——基于“结构—资源”互动过程的案例研究［J］．管理世界，2017（10）：130－149＋188.

［141］郝朝艳，平新乔，张海洋，梁爽．农户的创业选择及其影响因素——来自“农村金融调查”的证据［J］．中国农村经济，2012（4）：57－65＋95.

［142］何秀荣．关于我国农业经营规模的思考［J］．农业经济问题，2016，37（9）：4－15.

［143］胡枫，陈玉宇．社会网络与农户借贷行为——来自中国家庭动态跟踪

调查（CFPS）的证据［J］．金融研究，2012（12）：178－192.

［144］胡浩，王海燕，张沛莹．社会互动与家庭创业行为［J］．财经研究，2018，44（12）：31－43.

［145］胡金焱，张博．社会网络、民间融资与家庭创业——基于中国城乡差异的实证分析［J］．金融研究，2014（10）：148－163.

［146］黄季焜，靳少泽．未来谁来种地：基于我国农户劳动力就业代际差异视角［J］．农业技术经济，2015（1）：4－10.

［147］黄祖辉．“三权分置”与“长久不变”的政策协同逻辑与现实价值［J］．改革，2017（10）：123－126.

［148］黄祖辉，刘西川．贫困地区农户正规信贷市场低参与程度的经验解释［J］．经济研究，2009（4）：116－128.

［149］韩俊，罗丹，程郁．信贷约束下农户借贷需求行为的实证研究［J］．农业经济问题，2007（2）：44－51.

［150］郝朝艳，平新乔，张海洋，梁爽．农户的创业选择及其影响因素——来自“农村金融调查”的证据［J］．中国农村经济，2012（4）：57－65＋95.

［151］洪正．新型农村金融机构改革可行吗——基于监督效率视角的分析［J］．经济研究，2011（2）：44－58.

［152］冀县卿，黄季焜．改革三十年农地使用权演变：国家政策与实际执行的对比分析［J］．农业经济问题，2013，34（5）：27－32＋110－111.

［153］纪月清，顾天竹，陈奕山，徐志刚，钟甫宁．从地块层面看农业规模经营——基于流转租金与地块规模关系的讨论［J］．管理世界，2017（7）：65－73.

［154］蒋剑勇，郭红东．创业氛围、社会网络和农民创业意向［J］．中国农村观察，2012（2）：20－27.

［155］蒋剑勇，钱文荣，郭红东．农民创业机会识别的影响因素研究——基于968份问卷的调查［J］．南京农业大学学报（社会科学版），2014，14（1）：51－58.

［156］焦瑾璞．小额信贷在中国——农村信贷配给与小额信贷体系建设［M］．北京：中国财政经济出版社，2013.

［157］杰弗里·M. 伍德里奇．计量经济学导论（第四版）［M］．北京：中国人民大学出版社，2010.

［158］金晶，刘丽．新生代农民工城市就业能力再造的路径选择——基于江

苏的调查分析［J］．调研世界，2015（2）：34－39.

［159］鞠荣华，许云霄，朱雯．农户的信贷供给改善了吗？［J］．农业经济问题，2014（1）：49－53.

［160］孔祥智，穆娜娜．实现小农户与现代农业发展的有机衔接［J］．农村经济，2018（2）：1－7.

［161］匡远凤．人力资本、乡村要素流动与农民工回乡创业意愿——基于熊彼特创新视角的研究［J］．经济管理，2018，40（1）：38－55.

［162］李长生，张文棋．农户正规信贷需求和信贷约束——基于江西省的调查［J］．农林经济管理学报，2014（4）：406－413.

［163］李宏彬，李杏，姚先国，张海峰，张俊森．企业家的创业与创新精神对中国经济增长的影响［J］．经济研究，2009，44（10）：99－108.

［164］李菁，林毅夫，姚洋．信贷约束、土地和不发达地区农户子女教育投资［J］．中国人口科学，2002（6）：12－28.

［165］李建华，郭青．新生代农民工特点分析与政策建议［J］．农业经济问题，2011（3）：42－45.

［166］李明贤，罗荷花．小微企业信贷约束问题研究进展及展望———基于金融结构视角［J］．湖南科技大学学报（社会科学版），2013（9）：94－97.

［167］李明贤，王旋．农户融资约束的替代策略及其效应分析——基于湖南省268份农户调查数据［J］．湖南农业大学学报（社会科学版），2015，16（2）：23－28.

［168］李庆海，李锐，汪三贵．农户信贷配给及其福利损失——基于面板数据的分析［J］．数量经济技术经济研究，2012（8）：35－49.

［169］李庆海，孙光林，何婧．社会网络对贫困地区农户信贷违约风险的影响：抑制还是激励？［J］．中国农村观察，2018（5）：45－66.

［170］李庆海，李锐，王兆华．农户土地租赁行为及其福利效果［J］．经济学（季刊），2012，11（1）：269－288.

［171］李伟铭，杨丹，陈杰．创业理论的多层面研究与展望：从个体到环境的演进［J］．华东经济管理，2013（1）：154－159.

［172］李锐，朱喜．农户金融抑制及其福利损失的计量分析［J］．经济研究，2007（2）：23－36.

［173］李似鸿．金融需求、金融供给与乡村自治——基于贫困地区农户金融行为和考察与分析［J］．管理世界，2010（1）：74－83.

[174] 李树，于文超．农村金融多样性对农民创业影响的作用机制研究［J］．财经研究，2018，44（1）：4－19.

[175] 李宴．农村土地承包期满继续承包制度研究［J］．农业经济问题，2018（2）：12－20.

[176] 李岩，赵翠霞，兰庆高．农户正规供给型信贷约束现状及影响因素——基于农村信用社实证数据分析［J］．农业经济问题，2013，34（10）：41－48.

[177] 林晨．价格管制、要素流动限制与城乡二元经济——基于历史投入产出表的理论和实证研究［J］．农业经济问题，2018（5）：70－79.

[178] 林强，姜彦福，张健．创业理论及其架构分析［J］．经济研究，2001（9）：85－95.

[179] 林毅夫，李永军．中小金融机构发展与中小企业融资［J］．经济研究，2001（1）：10－18＋53－93.

[180] 刘杰，郑风田．流动性约束对农户创业选择行为的影响——基于晋、甘、浙三省894户农民家庭的调查［J］．财贸研究，2011（3）：28－36.

[181] 刘俊杰，张龙耀，陈畅．西部家庭创业的城乡差异及影响因素——以甘肃省为例［J］．华中农业大学学报（社会科学版），2014（6）：45－50.

[182] 刘传江．新生代农民工的特点、挑战与市民化［J］．人口研究，2010（3）：35－37.

[183] 刘杰，郑风田．流动性约束对农户创业选择行为的影响——基于晋、甘、浙三省894户农民家庭的调查［J］．财贸研究，2011，22（3）：28－35＋60.

[184] 刘美玉．基于扎根理论的新生代农民工创业机理研究［J］．农业经济问题，2013（3）：63－70.

[185] 刘小春，李婵，朱红根．农民工返乡创业扶持政策评价及其完善——基于江西省1145个返乡农民工调查数据［J］．农村经济，2011（6）：101－104.

[186] 刘鹏程，李磊，王小洁．企业家精神的性别差异——基于创业动机视角的研究［J］．管理世界，2013（8）：126－135.

[187] 刘西川，程恩江．贫困地区农户的正规信贷约束：基于配给机制的经验考察［J］．中国农村经济，2009（6）：37－50.

[188] 刘西川，杨奇明，陈立辉．农户信贷市场的正规部门与非正规部门：替代还是互补？［J］．经济研究，2014，49（11）：145－158＋188.

[189] 刘善仕，孙博，葛淳棉，王琪．人力资本社会网络与企业创新——基

于在线简历数据的实证研究［J］．管理世界，2017（7）：88－98＋119＋188.

［190］刘新智，刘雨松．金融约束与农户创业行为抑制——基于VAR模型的实证研究［J］．华中农业大学学报（社会科学版），2013（4）：25－29.

［191］刘雨松．我国农户创业活跃度与农户收入的关系研究——基于1992—2011年数据的分析［J］．上海农业学报，2014（5）：124－128.

［192］路雅文，张正河．1978—2016年农村人口迁移的社会网络分析：来自中部人口流出大省C村的证据［J］．农业经济问题，2018（3）：87－97.

［193］卢亚娟，张龙耀，许玉韫．金融可得性与农村家庭创业——基于CHARLS数据的实证研究［J］．经济理论与经济管理，2014（10）：89－99.

［194］陆彦，王晶，杜圆圆，倪健，程克群．安徽省返乡农民工创业SWOT分析［J］．中国人口·资源与环境，2014（5）：443－446.

［195］罗必良．科斯定理：反思与拓展——兼论中国农地流转制度改革与选择［J］．经济研究，2017，52（11）：178－193.

［196］罗明忠，陈明．人格特质、创业学习与农民创业绩效［J］．中国农村经济，2014（10）：62－75.

［197］罗明忠，邹佳瑜，卢颖霞．农民的创业动机、需求及其扶持［J］．农业经济问题，2012（2）：14－20.

［198］罗竖元．新生代农民工的择业行为与就业质量［J］．华南农业大学学报（社会科学版），2015（1）：46－55.

［199］马九杰，吴本健．利率浮动政策、差别定价策略与金融机构对农户的信贷配给［J］．金融研究，2012（4）：155－168.

［200］马光荣，杨恩艳．社会网络、非正规金融与创业［J］．经济研究，2011（3）：83－94

［201］马九杰，吴本健．利率浮动政策、差别定价策略与金融机构对农户的信贷配给［J］．金融研究，2012（4）：155－168.

［202］马贤磊，仇童伟，钱忠好．农地流转中的政府作用：裁判员抑或运动员——基于苏、鄂、桂、黑四省（区）农户农地流转满意度的实证分析［J］．经济学家，2016（11）：83－89.

［203］莫媛，徐虹．农村金融发展的区域市场分割研究：江苏样本［J］．南京农业大学学报（社会科学版），2012（7）：34－40.

［204］牛荣，张珩，罗剑朝．产权抵押贷款下的农户信贷约束分析［J］．农业经济问题，2016（1）：76－85.

［205］潘席龙，王光龙，焦瑾璞，吴国宝，康晓光，何雪峰等．《小额信贷在中国》丛书［M］．北京：中国财政经济出版社，2013.

［206］彭克强，刘锡良．农民增收、正规信贷可得性与非农创业［J］．管理世界，2016（7）：88－97.

［207］钱文荣，李宝值．初衷达成度、公平感知度对农民工留城意愿的影响及其代际差异——基于长江三角洲 16 城市的调研数据［J］．管理世界，2013（9）：89－101.

［208］钱文荣，张黎莉．农民工的工作—家庭关系及其对工作满意度的影响［J］．中国农村经济，2009（5）：70－78.

［209］钱忠好，冀县卿．中国农地流转现状及其政策改进——基于江苏、广西、湖北、黑龙江四省（区）调查数据的分析［J］．管理世界，2016（2）：71－81.

［210］阮荣平，郑风田，刘力．信仰的力量：宗教有利于创业吗？［J］．经济研究，2014（3）：171－184.

［211］芮正云，史清华．中国农民工创业绩效提升机制：理论模型与实证检验——基于“能力—资源—认知”综合范式观［J］．农业经济问题，2018（4）：108－120.

［212］芮正云，庄晋财．农户创业与农村经济增长相互促进吗——基于 VAR 模型的实证分析［J］．华东经济管理，2014（10）：60－64.

［213］盛丹，刘灿雷．外部监管能够改善国企经营绩效与改制成效吗？［J］．经济研究，2016，51（10）：97－111.

［214］史清华，徐翠萍．农户家庭成员职业选择及影响因素分析——来自长三角 15 村的调查［J］．管理世界，2007（7）：75－83.

［215］孙若梅．小额信贷在农村信贷市场中作用的探讨［J］．中国农村经济，2006（8）：34－43.

［216］汪三贵，刘湘琳，史识洁，应雄巍．人力资本和社会资本对返乡农民工创业的影响［J］．农业技术经济，2010（12）：4－10.

［217］王春光．对新生代农民工城市融合问题的认识［J］．人口研究，2010（3）：1－34.

［218］王定祥，田庆刚，李伶俐，王小华．贫困型农户信贷需求与信贷行为实证研究［J］．金融研究，2011（5）：124－138.

［219］王静，吴海霞，霍学喜．信贷约束、农户融资困境及金融排斥影响因

素分析［J］．西北农林科技大学学报（社会科学版），2014（5）：62－71.

［220］王磊玲，罗剑朝．农户家庭金融行为的区域差异研究［J］．统计与决策，2012（10）：112－115.

［221］王书华，杨有振，苏剑．农户信贷约束与收入差距的动态影响机制：基于面板联立系统的估计［J］．经济经纬，2014（1）：26－31.

［222］王艳，李善民．社会信任是否会提升企业并购绩效？［J］．管理世界，2017（12）：125－140.

［223］王甄，胡军．控制权转让、产权性质与公司绩效［J］．经济研究，2016，51（4）：146－160.

［224］翁辰，张兵．信贷约束对中国农村家庭创业选择的影响——基于CHFS调查数据［J］．经济科学，2015（6）：92－102.

［225］危旭芳，罗必良．农民创业研究：一个文献综述［J］．中大管理研究，2014（3）：187－208.

［226］危旭芳．农民创业资源异质性与绩效差异——基于3727家农民和非农民创业企业的比较研究［J］．江汉论坛，2013（5）：66－73.

［227］吴本健，胡历芳，马九杰．社会网络、信息获取与农户自营工商业创办行为关系的实证分析［J］．经济经纬，2014（9）：32－37.

［228］吴晓瑜，王敏，李力行．中国的高房价是否阻碍了创业？［J］．经济研究，2014，49（9）：121－134.

［229］吴一平，王健．制度环境、政治网络与创业：来自转型国家的证据［J］．经济研究，2015，50（8）：45－57.

［230］吴磊，郑风田．创业环境维度视角下的农民工回乡创业选择［J］．中国人口·资源与环境，2012（9）：112－120.

［231］熊学萍，阮红新，易法海．农户金融行为、融资需求及其融资制度需求指向研究——基于湖北省天门市的农户调查［J］．金融研究，2007（8）：167－181.

［232］徐升艳，陈杰，赵刚．土地出让市场化如何促进经济增长［J］．中国工业经济，2018（3）：44－61.

［233］杨虎锋，何广文．商业性小额贷款公司能惠及三农和微小客户吗？［J］．财贸研究，2012（1）：35－42.

［234］杨晶，胥德娣，邵林玉．新生代农民工职业培训意愿及其影响因素实证分析［J］．农林经济管理学报，2014，13（3）：273－280.

［235］杨廷钫，凌文轾．新生代农民工工作嵌入内容结构及相关研究——以珠江三角洲为例［J］．农业技术经济，2013（1）：46－57.

［236］杨汝岱，陈斌开，朱诗娥．基于社会网络视角的农户民间借贷需求行为研究［J］．经济研究，2011，46（11）：116－129.

［237］杨震宁，李东红，范黎波．身陷“盘丝洞”：社会网络关系嵌入过度影响了创业过程吗？［J］．管理世界，2013（12）：101－116.

［238］叶剑平，丰雷，蒋妍，郎昱，罗伊·普罗斯特曼．2016 年中国农村土地使用权调查研究——17 省份调查结果及政策建议［J］．管理世界，2018，34（3）：98－108.

［239］叶文平，李新春，陈强远．流动人口对城市创业活跃度的影响：机制与证据［J］．经济研究，2018，53（6）：157－170.

［240］尹学群，李心丹．农户信贷对农村经济增长和农村居民消费的影响［J］．农业经济问题，2011（5）：21－27.

［241］于蔚，汪淼军，金祥荣．政治关联和信贷约束：信息效应与资源效应［J］．经济研究，2012（9）：125－139.

［242］约纳森·莫达奇．关于小额信贷的可持续性问题［J］．曹洪民译．中国农村经济，1998（9）：33－36.

［243］詹姆斯·H. 斯托克，马克·W. 沃森．计量经济学（第三版）［M］．上海：格致出版社，2014.

［244］张博，胡金焱，范辰辰．社会网络、信息获取与家庭创业收入——基于中国城乡差异视角的实证研究［J］．经济评论，2015（2）：52－67.

［245］张广胜，柳延恒．人力资本、社会资本对新生代农民工创业型就业的影响研究——基于辽宁省三类城市的考察［J］．农业技术经济，2014（6）：4－13.

［246］张杰，芦哲，郑文平，陈志远．信贷约束、融资渠道与企业 R&D 投入［J］．世界经济，2012（10）：66－90.

［247］张龙耀，杨军，张海宁．金融发展、家庭创业与城乡居民收入——基于微观视角的经验分析［J］．中国农村经济，2013（7）：47－58.

［248］张龙耀，张海宁．金融约束与家庭创业——中国的城乡差异［J］．金融研究，2013（9）：123－135.

［249］张舰，Scott Rozelle. 人们为什么会创业？——基于风险、企业家能力与金融约束的影响因素研究［J］．中央财经大学学报，2017（8）：65－76.

［250］章元，陆铭．社会网络是否有助于提高农民工的工资水平？［J］．管

理世界，2009（3）：45－54.

［251］赵德昭．农民工返乡创业绩效的影响因素研究［J］．经济学家，2016（7）：84－91.

［252］赵剑治，陆铭．关系对农村收入差距的贡献及其地区差异——一项基于回归的分解分析［J］．经济学（季刊），2010，9（1）：363－390.

［253］赵浩兴．农民工创业地点选择的影响因素研究——来自沿海地区的实证调研［J］．中国人口科学，2012（2）：103－110.

［254］郑风田，程郁．创业家与我国农村产业集群的形成与演进机理——基于云南斗南花卉个案的实证分析［J］．中国软科学，2006（1）：1－8.

［255］张应良，高静，张建峰．创业农户正规金融信贷约束研究——基于939份农户创业调查的实证分析［J］．农业技术经济，2015（1）：64－74.

［256］张三峰，王非，贾愚．信用评级对农户融资渠道选择意愿的影响——基于10省（区）农户信贷调查数据的分析［J］．中国农村经济，2013（7）：72－84.

［257］钟春平，孙焕民，徐长生．信贷约束、信贷需求与农户借贷行为：安徽的经验证据［J］．金融研究，2010（11）：189－206.

［258］周敏慧，Jean－Louis Arcand，陶然．企业家精神代际传递与农村迁移人口的城市创业［J］．经济研究，2017，52（11）：74－87.

［259］朱红根，康兰媛．金融环境、政策支持与农民创业意愿［J］．中国农村观察，2013（5）：24－33＋95－96.

［260］朱红根，康兰媛．农民工创业动机及对创业绩效影响的实证分析——基于江西省15个县市的438个返乡创业农民工样本［J］．南京农业大学学报（社会科学版）2013，13（5）：59－66.

［261］朱红根，解春艳．农民工返乡创业企业绩效的影响因素分析［J］．中国农村经济，2012（4）：36－46.

［262］朱红根．陈昭玖，张月水．农民工返乡创业政策满意度影响因素分析［J］．商业研究，2011（2）：143－148.

［263］朱红根，康兰媛，翁贞林，刘小春．劳动力输出大省农民工返乡创业意愿影响因素的实证分析——基于江西省1145个返乡农民工的调查数据［J］．中国农村观察，2010（5）：38－47.

［264］朱明芬．农民创业行为影响因素分析——以浙江杭州为例［J］．中国农村经济，2010（3）：25－34.

［265］朱喜，史清华，盖庆恩．要素配置扭曲与农业全要素生产率［J］．经济研究，2011（5）：86－98.

［266］庄晋财，芮正云，曾纪芬．双重网络嵌入、创业资源获取对农民工创业能力的影响——基于赣、皖、苏183个农民工创业样本的实证分析［J］．中国农村观察，2014（3）：29－41.

［267］庄晋财，卢文秀，李丹．前景理论视角下兼业农户的土地流转行为决策研究［J］．华中农业大学学报（社会科学版），2018（2）：136－144＋161－162.

［268］周广肃，谢绚丽，李力行．信任对家庭创业决策的影响及机制探讨［J］．管理世界，2015（12）：121－129＋171.

［269］周文，赵方，杨飞，李鲁．土地流转、户籍制度改革与中国城市化：理论与模拟［J］．经济研究，2017，52（6）：183－197.